D1721344

Werner A. Widmann

„Rengschburger samma"

Geschichten und anekdoten aus
dem alten Regensburg

Wartberg Verlag

Bildnachweis:

S. 11, 69: Werner A. Widmann

S. 23, 31, 33, 56, 58, 62, 71: Andy Widmann

Alle anderen: Presse-Bild-Poss

Über Regensburg sind im Wartberg Verlag erschienen:
- Regensburg ... neu entdecken
- „Rengschburger samma" – Geschichten und Anekdoten aus dem alten Regensburg

1. Auflage 2005

Layout: Attila Jo Ebersbach, Kassel

Druck: Steinmeier, Nördlingen

Buchbinderische Verarbeitung:

Buchbinderei Büge, Celle

© Wartberg Verlag GmbH & Co. KG

34281 Gudensberg-Gleichen, Im Wiesental 1

Telefon (0 56 03) 9 30 50

www.wartberg-verlag.de

ISBN 3-8313-1525-6

INHALT

VORBEMERKUNGEN FÜR ORTSFREMDE

Die Stadt Ratispona selbst ist alt und neu zugleich, der Hauptort unter allen großen Städten am Rand des Nordgaus (...) Es gibt keine berühmtere Stadt in Deutschland (...) Im Norden von der Donau umflossen ist sie von fruchtbarem Ackerland und üppig gedeihenden Weingärten umgeben. Ihre Schätze von Gold, Silber und anderen Metallen, von Leinwand, Purpur und Waren aller Art, ihre Einnahmen aus Schiffahrt und Zoll, ihr Überfluß an allen Reichtümern erheben sie weit über alle anderen Städte." Das schrieb der Mönch Otloh um 1050 in der Abtei Sankt Emmeram nieder. In so einer Stadt leben also die heutigen Regensburger. Auch in einer Stadt, die vor zwei Jahrtausenden ein mit zyklopischen Mauern bewehrtes römisches Legionslager, vor 1400 Jahren erste Hauptstadt Bayerns, dann Residenz karolingischer Könige, ab 1245 Freie Reichsstadt und ab 1663 Sitz des Immerwährenden Reichstages, einer Art „Bundesrates", war und sich heute unangefochten „Metropole Ostbayerns" nennen darf.

Die Regensburger wissen Bescheid um die zwei Jahrtausende ihrer Stadt. Sie wissen, dass das einmal eine mittelalterliche Weltstadt gewesen ist, in der Menschen aus aller Herren Länder zu Gast waren. Heute kommen die Gäste aus einer viel größer gewordenen Welt nach Regensburg. Sie sind hier gern gesehen, nicht nur wegen des Umsatzes. Unhöflichkeit wird ihnen nicht viel begegnen; denn der Regensburger (und erst recht die Regensburgerin) sind freundliche Leute. Das erfuhr schon 1796 der aus München anreisende kurfürstlich-bayerische Generaldirektor des bayerischen Ingenieurwesens Adrian von Riedl. Er rühmte „die angenehmen Spaziergänge, die wohlbestellten Gasthöfe, das abwechselnde Commerz zu Wasser und zu Lande, die vielen Bälle, Comedien und sonstigen Ergötzlichkeiten, die Leutseligkeit der Einwohner" und noch viel andere Positiva. Leutselig sind sie also schon immer gewesen, die Regensburger. Warum, so frage ich mich, warum gibt es dann neben dem bekannten Lied „Als wir jüngst in Regensburg waren, sind wir über den Strudel gefahren" noch eine andere „Nationalhymne", die ungemein grob, um nicht zu sagen saugrob, daherkommt? Da heißt es: „Rengschburger samma und laß ma uns nix gfalln. Zuhaua damma, daß d' Schädln obafalln ..." (Regensburger sind wir und lassen uns nichts gefallen. Zuhauen tun wir, dass die Schädel herunterfallen). Gut, das jüngere Regensburg kennt dieses Lied nicht mehr und sogar den Alten muss man es erst einmal wieder in Erinnerung bringen. Es scheint auch aus einer gröberen Zeit zu stammen, aus den Jahren zwischen den Weltkriegen. Ich denke mir, diese Strophen sind eine Art Mimikri. Der Regensburger in seiner leutseligen Art wollte Eindringlingen gegenüber, denen er misstrauen musste, gleich einmal den Grobian hervorkehren, der er mit seiner zarten Seele gar nicht sein konnte. Also ein Angriff, der ja schon immer die beste Verteidigung gewesen sein soll, in diesem Fall allerdings nur ein verbaler, gesungener.

Das grobe mehrstrophige Liedlein stammt offenbar aus jener Zeit, über die dieses Büchlein vornehmlich berichten will, aus der ersten Hälfte des zwanzigsten Jahrhunderts. Die allererste Zeile soll zum Titel erhoben werden: „Rengschburger samma". Und das kann ja auch eine Art Wappenspruch sein, ein stolzer. Auch wenn er auf dem Regensburger Wappen mit den Petrusschlüsseln nicht zu finden ist.

„NOCH JEMAND OHNE?"

Durch Regensburgs Altstadtkern zwängt sich heute nur noch ein einziges öffentliches Verkehrsmittel: der Altstadtbus. Er soll vor allem älteren und behinderten Menschen das wundersame Geflecht aus historischen Gassen und Plätzen erschließen. Wie lange er noch fährt, weiß man nicht; denn er hat seine Gegner, die ihn als Störung im Bild einer mittelalterlichen Großstadt empfinden. Vorher führten einige Gelenkbuslinien noch mitten durch die Stadt, die nun wirklich störend waren und sich mitunter gegenseitig behinderten. Sie sind nun an die Peripherie des alten Stadtkerns verdrängt und ihres Lebens auch nicht unbedingt sicher, da in Regensburg ein lebendiges Netzwerk von Bürgerinitiativen existiert, in dem nach immer wieder neuen Parolen gesucht wird, von denen allerdings einige sich als recht glücklich und nutzvoll erwiesen haben, wie etwa die totale Sperrung der über 850 Jahre alten Steinernen Brücke, des berühmtesten Regensburger Bauwerks, für Kraftfahrzeuge. Der ehrwürdige Donauübergang, im 12. Jahrhundert in nur elf Jahren erbaut, hat die Gicht in seinen Quadern.

Da man die Kutschen und Sänften der zu Gast weilenden Kaiser und Gesandten und des einheimischen Patriziats nicht als solche sehen kann, war das erste öffentliche Verkehrsmittel innerhalb der Stadt die Trambahn, eine gar köstliche Einrichtung auf vier Linien, angetrieben durch elektrischen Gleichstrom und alles andere als ein hektisches Gefährt. Es muss gleich einmal zugegeben werden, dass ein Mensch, der vom Hauptbahnhof etwa zum Arnulfplatz am Westrand der Alstadt gelangen wollte, bei guter Konstitution zu Fuß schneller ans Ziel gelangte, als mit der Straßenbahn, zumal, wenn er den

kürzesten Weg wusste. Er hätte ja sogar mit der Tram von der Linie 1 auf die Linie 2 umsteigen müssen.

Es begann alles Anno 1891 mit einem privaten Pferdebus vom Hauptbahnhof nach Stadtamhof. 1901 erteilte dann Bayerns Prinzregent Luitpold einem Nürnberger Unternehmen die Lizenz zum Bau einer Regensburger Straßenbahn, die zwei Jahre später den Betrieb auf den ersten Strecken aufnahm und 1909 von der Stadtgemeinde übernommen wurde. 1940 fuhren auf vier Linien bei 13 Kilometern Gesamtstrecke 32 Triebwagen und 22 Anhänger. Die Linie 1 fuhr zwischen Pürkelgut und Prüfening, die Linie 2 vom Hauptbahnhof über die Steinerne Brücke nach Reinhausen, die Linien 3 (Domplatz-Schlachthof) und 4 (Arnulfplatz-Kumpfmühl) waren vom Hauptnetz abzweigende Stichbahnen. Das Depot befand sich in der Augustenstraße. Einige Jahre verband auch eine O-Buslinie den Hauptbahnhof über die Nibelungenbrücke mit der Konradsiedlung.

Ich weiß das alles so genau, weil ich von 1942 bis 1944 Trambahnschaffner gewesen bin. Ein außerplanmäßiger sozusagen. Neben meinem „Hauptberuf" als Gymnasiast war ich in diesen Kriegszeiten dienstverpflichtet. Wir waren so ein halbes Dutzend Schüler, die in den Stoßzeiten, also von 6 bis 8 und von 16 bis 20 Uhr als Schaffner unterwegs waren. Es war für uns schöner als das Klassenzimmer, auch wenn ich zur Frühschicht, die um halb sechs begann, drei Kilometer ins Depot rennen musste. Und was man da für schönes Spielzeug bekam! Dreierlei Fahrscheinblöcke (10, 15 und 20 Pfennig), Blaustifte zum Kennzeichnen der gewählten Fahrstrecke und eine auf Brust und Bauch hängende Tasche mit eingehängtem Wechselautomaten. Da war man doch wer! Auch wenn es pro Schicht für uns Burschen nur 1,50 Reichsmark gab. Man konnte sowieso nichts dafür kaufen.

„Noch jemand ohne?", rief man in den Fahrgastraum hinein um sicher zu gehen, dass da kein Schwarzfahrer mitreiste. Aber solche gab es ja eh keine. Ein wenig Sport war übrigens auch dabei. Er hieß „mit der Rolle am Stangerl den Fahrdraht treffen". Das „Stangerl" übertrug vermittels einer Laufrolle den Strom von der Oberleitung auf die Wagenmotoren. Bewegt und zugleich festgehalten wurde es über eine Leine, die in einer Trommel endete, welche ihrerseits am jeweils als hinten zu bezeichnenden Teil des Wagens eingehängt wurde. An der Endstation musste nun das Stangerl für die neue Fahrtrichtung umgedreht werden. Dazu musste die besagte Trommel ausgehakt, durch Zug an der Leine das Stangerl mit der Laufrolle an der Spitze aus dem Fahrdraht genommen, mit dem Stangerl an der Leine die Trambahn um 180 Grad umkreist und dann die Laufrolle wieder in die Oberleitung eingefädelt werden. Probieren Sie das einmal in einem Straßenbahnmuseum! Und ärgern Sie sich dann nicht, wenn Umherstehende – falls Sie nicht gleich hineintreffen – ganz saudumme Bemerkungen machen! Und dann stellen Sie sich erst die Leiden für unsere lieben und freundlichen Kolleginnen bei diesem „Sport" vor, für die ansonsten auch vom Publikum sehr verehrten Trambahnschaffnerinnen. Da gab es schon Sprüche, leicht unter der Gürtellinie. Aber auch schlagfertige Antworten unserer „lieben kleinen Schaffnerin".

Am 3. August 1964 war alles vorbei. Der letzte „Wagen von der Linie 1" fuhr zum Ausschlachten im Depot ein, durch ein Spalier von 20 000 Regensburgern. Die meisten von ihnen werden auch daran gedacht haben, was für eine rollende Stätte der menschlichen Begegnung ihre Trambahn alle Zeit gewesen war. Man saß sich ja auf zwei Längsbänken gegenüber, die Schaffner und Schaffnerinnen waren auch gesprächige Leut und wenn man auf der vorderen Plattform stand, kam man auch mit dem Fahrer ins Gespräch oder konnte seinen höchst philosophischen Selbstgesprächen lauschen. Im letzteren Fall verstieß er ja nicht gegen das Gebot, das ein Eimailleschild über ihm verkündete: „Das Unterhalten mit dem Fahrer ist verboten".

Flaniermeile Maxstrasse

Was für Düsseldorf die „Kö" war in Regensburg früher die Maximilianstraße, die heute nach großzügiger Umgestaltung und Befreiung vom Durchgangsverkehr noch viel mehr nach einer Flaniermeile aussieht als vordem. Irgendwie aber ist die einstige Geschäftigkeit noch nicht ganz zurückgekehrt. Die „Meile" ist freilich nur an die 500 Meter lang. Hier breitete sich einst ein Netz von Gassen und schmäleren Straßen aus, wie man es etwa vom übrigen historischen Stadtkern her gewöhnt ist. Als aber am 23. April 1809 die Armee Napoleons ge-

11

gen die österreichischen Truppen um die Stadt kämpfte, wurde dieses Viertel vollständig in Schutt und Asche gelegt. Also beschloss man, hier eine großzügige breite Erschließungsstraße zu bauen. Weil man 1810 nach sechs Jahrhunderten freier Reichsstadt wieder an Bayern gekommen war, nannte man sie nach dem damals herrschenden König Maximilian I. Für uns Regensburger aber ist sie schlicht und einfach die Maxstraße.

Die Maxstraße war vor, während und nach dem letzten Krieg nicht nur Hauptgeschäftstraße, sondern auch für die pubertäre und etwas reifere Jugend Regensburgs so etwas wie eine Promenade. Es gab zu beiden Seiten breite Bürgersteige. Promeniert wurde aber nur an der westlichen Geschäftszeile entlang. Der östliche Bürgersteig war „die verheiratete Seite". Dort hinüber wechselte man nur, um sich bei „Brüder Buchner" um ein Zehnerl ein Stück „Warschauer" zu kaufen, eine Art Früchtebrot, das aus eingeweichtem altem Brot, wenig Frucht und viel Farinzucker gebacken wurde. Verliebte – und wer von den hier Flanierenden war das nicht – sahen darauf, dass sie auch der Angebeteten ein Stück „Warschauer" schenken konnten. In meiner pubertären Epoche, in den ersten Kriegsjahren, gab es ein ungeschriebenes Gesetz: Man flanierte nicht „gemischt", man ging in kleineren oder größeren Gruppen von Mädchen oder Burschen. Freilich kamen die Geschlechter auch miteinander ins Gespräch. Dazu musste man aber Wort-Angeln auswerfen, um eine entgegenkommende Gruppe zum Anhalten zu bringen. Die eigene Gruppe hielt dann automatisch auch an. Wollte also ein Hansl mit einer Liesl sprechen, musste er sich etwas einfallen lassen. Es musste nicht geistreich sein, etwa: „He, Liesl, hast du einen neuen Mantel bekommen?" Und schon stoppten die beiden Gruppen der Liesl und des Hansl. Man wartete ja beiderseits brennend auf die Begegnung. Lange stand man nicht beieinander, denn jede und jeder in den Gruppen hatte Anhaltwünsche. Solidarität und zeitliche Disziplin waren da gefragt.

Das soll nun nicht heißen, dass am Ende der ein, zwei Stunden Promenade alle allein nach Hause gingen. Wer sich finden wollte, fand sich schon, allerdings nicht in der Maxstraße, sondern an irgendeiner Rendezvousstelle in der Nähe. Dann brachte man „die Seine" heim, im Winter auch Arm in Arm, weil es schon finster war und zu meiner Maxstraßenzeit die Verdunkelungsvorschriften der zarten Liebe entgegenkamen. Wobei jetzt niemand weiß Gott was sich vorstellen muss. Über Küsse ging das nicht hinaus. Und das sind eher „Bussi" gewesen. Aber schön war es schon und irgendwie auch so was wie erotisch. Ach ja.

DER TEGERNHEIMER KELLER

Während die meisten Orte dieser Welt jeweils nur eine Umgebung haben, weist Regensburg deren vier auf. Weil eben hier vier verschiedene Landschaften aufeinander treffen. Von Süden her fährt man durch das Tertiäre Hügelland (einst in der Schule als „Schwäbisch-Bayerische Hochebene" zu lernen) auf die Stadt zu, im Westen liegt der Jura, im Osten der fruchtbare „Gäuboden" und nach Norden fährt man in den Bayerischen Wald hinein. Und weil Regensburg auf vielen Gebieten seine Besonderheiten hat, so gibt es auch eine, die Geologen in aller Welt wohlbekannt ist: die Tegernheimer Schlucht, gelegen in der Nachbargemeinde Tegernheim. Diese romantische Schlucht ist geologisch gesehen der Treffpunkt von Jura und kristallinem Urgestein, einfacher gesagt: Hier endet der sich bis von Frankreich herüberziehende Jura und es beginnt der Bayerische Wald. Kalk herüben, Granit auf der anderen Seite dieses Grabens.

Für uns Regensburger war diese Schlucht geologisch nicht so wichtig, vielmehr gastronomisch. Hier gab es bis in die fünfziger Jahre hinein den „Tegernheimer Keller", beliebtes Ziel für einen Sonntagnachmittagausflug. Er befand sich am Eingang der Schlucht, auf der „Juraseite" sozusagen, war bekrönt von steilen Felsen und bedeckt mit uralten Kastanien, die dem unterirdisch gelagerten Bier die nötige Kühle und den Gästen wohltuenden Schatten verschafften.

Man wanderte gern durch das seit 1924 zu Regensburg gehörende „Radi-Dorf" (Radi = Rettich) Weichs hinaus nach Tegernheim, vor sich die riesigen, gelbbleichen Wände des Keilberger Kalksteinbruchs. In Weichs konnte

man sich über den Gartenzaun hinweg frisch aus dem Boden gezogenen und am Brunnen weißgewaschenen Radi reichen lassen, ebenso billige wie köstliche Beilage zur bevorstehenden Keller-Brotzeit. Am Ende ging es auf einem sonnenheißen Weg, an Obstgärten entlang, dem Berghang zu und auf einmal umfing einen die Enge und Kühle der Tegernheimer Schlucht. Das Kastanienparadies war erreicht, roh gezimmerte Tische und Bänke warteten auf die Wanderer.

Die meisten Kinder werden wohl – gleich mir – nicht so gern mitgewandert sein, weil es daheim auch allerhand zu tun gegeben hätte. Freilich, am Ziel warteten dann auch genügend Möglichkeiten und Gefährten zum Spielen. So ging es auch dem berühmten, 1891 in Regensburg geborenen Dichter Georg Britting. In einer seiner Erzählungen, in der er den Tegernheimer Keller „Wolfsschlucht" nennt, schildert er so einen Familienausflug, der ihn beinahe das junge Leben gekostet hätte. Der kleine Georg pflückt auf einer Wiese hoch über dem Biergarten für seine Mutter einen Blumenstrauß, kommt dem senkrechten Abgrund zu nah und stürzt kopfüber in die Tiefe. Ein starker Kastanienbaum lässt ihn aber quasi von Ast zu Ast fallen, bis der Bub auf der Schulter eines in Galauniform mit seiner Braut vespernden königlich-bayerischen Unteroffiziers landet, mit gestauchtem Knöchel und gebrochenem Arm. Ein Wunder! Manche Augenzeugen nennen es so, weil noch dazu der beim Sturz losgelassene Strauß blauer Glockenblumen sanft aus der Baumkrone auf den Buben und den Biertisch regnet.

Die Schlucht, den Geologen immer noch interessant, ist noch da, die Felsenwand auch, der Biergarten schon lang nicht mehr. Und Britting starb 1964.

DIE BAHNSTEIGSPERRE

Wer heute mit der Bahn verreisen will, braucht zwar eine Fahrkarte, er muss sie aber am Bahnhof niemandem vorzeigen. Wer jemanden zum Zug bringen oder einfach auf dem Bahnsteig herumstehen will, braucht außer der nötigen Zeit gar nichts. Das war früher anders. Da war der Zugang zu den Bahnsteigen mit einem Gitter abgesperrt. Wer zu den Zügen wollte, musste sein „Billettl" beim Durchlass zwicken lassen. Das besorgte der Bahnsteigschaffner, der in seinem Häusl stand und meist von Freundlichkeit keine Ahnung hatte. Nichtreisende, die zu den Bahnsteigen wollten, mussten an einem Automaten eine Bahnsteigkarte lösen. Die kostete zehn Pfennig. Also gab es auch am Regensburger

17

Hauptbahnhof immer Kinder, die oft stundenlang am Bahnsteiggitter standen, weil ihnen die ein- und ausfahrenden Züge, das Leben und Treiben, die Durchsagen, das herrliche Stampfen, Pfeifen und Dampfen der Lokomotiven eine spannende, aufregende Welt gewesen sind. Das Zehnerl für die Bahnsteigkarte hatten sie nicht.

Besonders interessant waren natürlich die Vorgänge am Bahnsteig 1, weil man ja von dem nur durch dieses niedrige Gitter getrennt war. Ich habe da schon einmal die Durchreisenden in den großen Fernzügen bewundert. Sie kamen für mich aus einer ganz anderen Welt. Wie sie so unbeteiligt hinter den Fenstern saßen, gerade so, als gäbe es unser Regensburg nicht. Ab und zu öffnete einer zwar das Fenster und verhalf einem Bahnsteigkellner, der im Auftrag des Bahnhofswirts einen chromglänzenden Karren den Zug entlang schob, zu einem kleinen Umsatz. Der Kellner im weißen Kittel rief (ich hab es heute noch im Ohr): „Heiße Regensburger mit Senf, Schokolade, Keks, Limonade!" So eine heiße Regensburger, also das, was wir hier eine Knackwurst nennen, hätte ich da auch einmal gern gehabt. Das wäre fast schon wie Verreisen gewesen. Es muss ja auch das Fernweh gewesen sein, das uns Kinder da ans Perrongitter trieb. Den wunderbarsten aller Züge konnten wir aber nicht beobachten. Ich nannte ihn den „Lamperlzug", weil man an jedem Fenster der eleganten und fremdländischen Waggons wunderschöne Tischlampen stehen sah. Für uns Kinder kam er zu spät, nach neun Uhr abends. Es war kein Zug der damaligen Reichsbahn, sondern eine Art Orient-Express, von einer Gesellschaft betrieben. Das hat mir mein Vater erzählt, der ja Eisenbahner war.

Kurz vor Kriegsausbruch, als ich so zwölf, dreizehn war, habe ich ihn dann doch noch aus der Nähe bewundert. Er muss zwischen Paris und Wien oder gar Istanbul verkehrt sein. Ein glänzendes Stück aus einer anderen Welt, das nur zwei Minuten in Regensburg hielt.

Da war aber im Bahnhofsbereich noch ein zweites Abenteuer, von dem ich vermutete, dass nur ich es erleben konnte, weil den dazu nötigen Trick sonst niemand wisse. Das war aber sicher eine Täuschung, wie ja dieses Abenteuer sowieso nur eine Sinnestäuschung war. Ich rede von der „fahrenden Galgenbergbrücke". Hiermit verrate ich den Trick, selbst auf die Gefahr hin, dass er für einen alten Hut gehalten wird, den doch viele Leute kennen. Also: Man stelle sich auf besagte Galgenbergbrücke, die noch im Bahnhofsbereich die Schienenstränge überquert. Man warte auf einen durchfahrenden Zug, auch wenn das nur ein Güterzug ist. Dann fixiere man den Zug ganz starr mit den Augen. Mehr oder weniger rasch bewegt sich dann die Brücke in Gegenrichtung des Zuges, der irgendwie stehen zu bleiben scheint. Ist der Zug dann dort unten durchgefahren, bleibt die Brücke leider ruckartig stehen und man erkennt, dass man keinen Meter mit dieser Brücke weitergekommen ist. Illusion, alles Illusion. Aber ein ebenso harmloses wie kostenloses Vergnügen damaliger Kinderzeit.

Die „Froschlacka"

Zugegeben, ich schreibe dieses Kapitel Regensburger Erinnerungen mit einem Gefühl von Zweifel und Unsicherheit. Habe ich nun wirklich um das Jahr 1930 herum, also im Alter von vier bis sechs Jahren, mit meinem Vater in der „Froschlacka" gebadet oder bilde ich mir das nur ein? Kein Mitbürger meiner Generation konnte mir jemals die Existenz eines Freibades bestätigen, das von den Bürgern diesen lustigen Namen bekam. Aber ich war doch oft dort und ich weiß, dass es am Nordufer des Unteren Wöhrds lag. Aber vielleicht waren eben alle von mir Befragten in einem feineren Freibad, in der so genannten „Militärschwimmschule", die ganz in der Nähe war, einen langen Badestrand und ein großes, mit Hilfe von Pontons geschaffenes Flussschwimmbecken hatte. Dahin bin ich nämlich dann später gegangen, wenn ich nicht gleich hinaus zum Flussstrandbad „Schillerwiese" geradelt bin. Oder befand es sich gar auf der „Jahninsel", die seit einigen Jahren wieder einen Naturbadestrand hat und seither so manches „Fest im Fluss" erlebte?

Die „Froschlacka" (= Froschpfütze) war eine kleine umzäunte Uferwiese am Nordarm der Donau gelegen und hatte nur ein kleines, ebenfalls aus Pontons gebildetes Schwimmbecken. Dass ich nur mit meinem Vater dort war, hat einen einfachen Grund: Bis 1933 durfte es in Regensburg kein Familienbad geben, wo also Männlein und Weiblein, Büblein und Mädchen gemeinsam baden konnten. Also gab es Damen- und Männertage und sogar ein eigenes Damenbad. Ich weiß nur, dass ich diese Trennung der Geschlechter damals als höchst angenehm empfand, weil man seine Ruhe vor den ewig unsereins herumkommandierenden Weibern hatte. Nach heutigen Normen und wissenschaftlichen Erkenntnissen hätten übrigens alle, die in jenen Sommern die Regensburger Flussbäder benutzten, entweder unverzüglich sterben oder lebenslange Schäden davontragen müssen. Man brauchte erst gar keine Messungen durchzuführen, man konnte allein mit bloßem Auge die höchst miserable Wasserqualität sehen. Wobei die Milliarden Fuseln, die von den Kelheimer Zellstoffwerken auf der Donau daherschwammen, eher lästig als giftig waren. Man kam mit einem federleichten Zellstoffkleid aus dem Wasser, das man umgehend unter der Dusche wieder ablegte. Heute hat die Regensburger Donau eine erstklassige Badequalität und außerdem ist ja da nun seit drei Jahrzehnten das herrliche „Westbad" für Sport, Freizeit und Gesundheit. Warum ich dann nur meine „Froschlacka" nicht vergessen kann? Eines wenigstens sage ich noch einmal: Es muss sie gegeben haben.

Das „Walhallabockerl"

Wenn ich heute einem Regensburger, der meinetwegen schon 70 Jahre auf dem Buckel hat, das Bild der Hauptstraße von Stadtamhof schildere, wie ich es aus meiner Klein-Buben-Zeit in Erinnerung habe, macht er ein ungläubiges Gesicht. Er will es mir zunächst nicht abnehmen, dass da mitten auf der langgestreckten, typisch altbayerischen Platzstraße ein kurzer Eisenbahnzug mit ungemein weiß dampfender und pechschwarz rauchender Lokomotive stand. Leute stiegen ein und begannen die amüsante Fahrt durch Steinweg und Reinhausen nach Donaustauf oder weiter über Bach, Kruckenberg und Wiesent nach Wörth an der Donau, der Endstation. Bis zur Haltestelle bei der Reinhausener Pfarrkirche lief dem Zug, der bis dorthin keinen eigenen Bahndamm hatte, ein Bediensteter mit roter Fahne voraus, um vor dem kuriosen Ungetüm zu warnen. Dass ich auf so viel Unglauben stoße, hängt damit zusammen, dass das „Walhallabockerl" – und von dem rede ich – ab 1933 nicht mehr in Stadtamhof, sondern erst in Reinhausen abfuhr, auf dieser Strecke von der Regensburger Straßenbahn abgelöst.

Geplant und gebaut wurde die Walhallabahn schon 1889 von der „Lokalbahn AG München". Zunächst fuhren die Züge der Schmalspurbahn nur bis Donaustauf, wobei den Betreibern die nahe dieses Marktes gelegene Walhalla, der „Ruhmestempel der Deutschen", als attraktives Ziel erschienen sein wird. Tatsächlich lockte ja auch die damals wachsende nationale Gesinnung immer mehr Menschen aus ganz Deutschland zu dem auf seiner Bayerwald-Anhöhe so eigenartig wirkenden griechischen Tempel mit den Marmorköpfen der Großen

Deutschen. Ab 1903 wurde die Strecke bis nach Wörth erweitert, was für den Arbeiter- und Schülerverkehr wichtig war. Bald profitierten auch Handel und Landwirtschaft von der Strecke, weil man an der Station „Walhallastraße" der Hauptbahn Regensburg-Hof normale Güterwaggons auf Schmalspur-Fahrgestelle setzen konnte, ebenso einfach wie genial.

Was war das für eine aufregende Sache! Am Sonntag mit den Eltern zu Fuß nach Stadtamhof. Schon von der Steinernen Brücke aus sah man die Dampf- und Rauchwolken des Bockerls. Dann pressierte es, weil der Zug wegen der Anwohnerbelästigung durch die wirklich eindrucksvollen Rauchwolken nicht lange stehen blieb, eigentlich nur so lang, bis die Lok auf einem Ausweichgleis sich wieder an ihre Kopfposition rangiert hatte. Wir fuhren natürlich nicht zur Walhalla, die war für uns nur ein ziemlich nahes Fußwanderziel. Wir stiegen in Wiesent aus und wanderten nordwärts über die ersten Hänge des Vorderen Bayerischen Waldes in die „Hölle" hinein. So heißt noch heute das enge Tal des Höllbachs, wo sich im schattigen Grund glasklares Wasser über ein Labyrinth von Granitfelsen und Geröll stürzt, überdacht von der grünen Decke eines Laubwaldes. Irgendwo wurde dann aus dem Rucksack des Vaters heraus die Brotzeit serviert, meist kalte Fleischpflanzln (= Frikadellen, Buletten) mit in Einweckgläsern abgefülltem Kartoffelsalat. Das war eine feine Sache. Man wanderte dann weiter bis hinauf zum Bahnhof in Gfäll bei Falkenstein, wo nach einer langen Tagestour auf den Zug der Lokalbahn Falkenstein–Regensburg gewartet wurde. Die ganze Bahnfahrerei kostete nicht viel, weil es in diesen Jahren die um zwei Drittel verbilligte „Sonntagsrückfahrkarte" gab. Vielleicht sollte ich aber an dieser Stelle auch mich damals höchstens Siebenjährigen und alle kleinen Buben und Mädchen lobend erwähnen, die mit ihren kurzen Beinen den mehrstündigen Weg durch die Hölle tapfer hinter sich gebracht haben, wobei ihnen sicher die zweimalige Bahnfahrt das Unternehmen schmackhafter gemacht haben wird.

Das „Walhallabockerl" wurde nach dem Zweiten Weltkrieg mehrfach schwer beleidigt. Es musste die neu gebaute breite Schnellstraße, die heute über die Nibelungenbrücke in den Nordosten der Stadt führt, überqueren. Dabei wurde die zierliche, freundliche Lok immer wieder von schweren Lastwagen gerammt und einfach so umgeworfen. Sie zog sich dann zurück und dampfte noch ein paar Jahre ab dem schon erwähnten Bahnhof „Walhallastraße" nach Wörth. 1960 wurde die Strecke stillgelegt. Der kleinen Lokomotive 99523 aus dem Baujahr 1908 wurde zunächst ein Ehrenplatz in der Bahnhofstraße, gegenüber der Bundesbahndirektion, eingeräumt. Als die Direktion auch aufgelöst wurde, kehrte die Lokomotive des legendären „Walhallabockerls" 1976 nach Stadtamhof zurück. Sie steht heute als Denkmal neben der Schleuse des Europakanals, bewundert oder belächelt von vielen, die hier als Städtetouristen von den Regensburger Stadtführern am Busparkplatz in Empfang genommen werden. Aber vielleicht würden diese Gäste der Stadt jetzt gern auf der Schmalspurbahn zur Walhalla fahren? Immerhin können sie sich vor der Lok zum Erinnerungsfoto postieren.

Alois, der „Leichenfledderer"

D ie Rede ist hier nicht von einem üblen Burschen,
der tatsächlich Leichen gefleddert hätte. Nein, seinen nicht sehr fein klingenden Spitznamen hatte sich
der Huber Alois, seines Zeichens freischaffender Reporter bei der lokalen „Mittelbayerischen Zeitung", eigentlich für Guttaten eingehandelt, von Kollegen, die sich
untereinander gern etwas gröber betiteln. Er war nämlich Erfinder einer Rubrik im Lokalteil, die er „An offenen Gräbern" benannte. Er ging also zu den Beerdigungen und berichtete darüber mit mehr oder weniger Zeilen. Der „Tagesanzeiger", die katholische Konkurrenz,
bei der ich arbeitete, hatte des Huber Alois viel gelesene
Rubrik umgehend kopiert. Wir hatten als Gegenstück
einen pensionierten Setzer, und jede der beiden Zeitungen berichtete natürlich nur über Beisetzungen, die mit
einer Todesanzeige im Blatt angekündigt wurden. Aus-
nahmen bestätigten die etwas merkwürdige Regel.

Den Huber Alois, dessen Alter mit zunehmenden
Jahren immer unbestimmbarer wurde, kannte die ganze
Stadt. Ein hageres Mannsbild mit einer gewissen Non-
chalance in der Kleiderfrage, die ihn als ewigen Jungge-
sellen auswies, immer mit dem Rad unterwegs, schwarz
unter der Nase und an deren Spitze immer ein Tröpferl,
was ihn als leidenschaftlichen Verbraucher des heimi-
schen Schnupftabaks verriet, alles andere als geschwät-
zig, ja eher wortkarg und verschlossen. Er stand natürlich nicht nur an offenen Gräbern, sondern leistete seinem Blatt unschätzbare Dienste, weil er eben alles und
jeden in Regensburg kannte. „Allrounder" heißt man
heute solche Leute, obwohl das auf den Huber Alois nicht
passt. Er brachte eben täglich das Salz des Lokalteils,

jene vielen kleinen Meldungen aus dem Vereinsleben, aus dem Polizeibericht und wer weiß noch woher. Neidisch konnte man auf ihn sein, weil er selbst die kleinste Aktualität nicht nutzlos verkommen ließ. Solche Leute braucht jede Lokalredaktion. Weil der Huber Alois dazu ein anerkanntes Original war, trug man ihm auch vieles zu und war nicht gleich mit Beschwerden bei der Hand, wenn eine Meldung vielleicht etwas zu intim oder dem

Verfasser ein kleiner Hörfehler unterlaufen war. „Ach ja, der Huber Alois, was soll's?", hieß es dann.

Ein kleines Denkmal will ich dem Alois setzen, der auch irgendwann einmal selbst in ein offenes Grab gelegt wurde. Er muss so um den Jahrhundertbeginn zur Welt gekommen sein. Mit ihm verband mich einiges. Auch ich war radfahrender Reporter, auch ich saß gern in gemütlichen Wirtshäusern, auch ich bekam nur ein paar Pfennig Zeilenhonorar und auch mir verzieh man den einen oder anderen kleinen Fehler in der Berichterstattung, obwohl ich kein Original war, aber immerhin stadtbekannt. Im Jahr 1956 arbeiteten der Alois und ich sogar Seite an Seite: an offenen Gräbern. Mein Lokalchef sagte eines Tages zu mir: „Werner, unser Leichenfledderer ist gestorben. Kannst Du nicht aushelfen, bis wir einen anderen finden? Ich zahl Dir dafür eine Pauschale." So stand ein Dreißigjähriger neben einem Sechzigjährigen auf dem Friedhof und sah fremdem Leid zu. Beim ersten Mal kam es gleich zur Katastrophe. Gleichmut hatte ich mir vorgenommen, „Coolness" würde man heute sagen. Da ging aber hinter einem mit roten Rosen bedeckten Sarg ein junger Mann mit einem kleinen Mädchen an der Hand! Die Mutter tot! Ich konnte die Tränen nicht zurückhalten. „Darfst Dich ned so aufreg'n. Wo kämst denn da hin?", sagte da der Huber Alois neben mir. Mit der Zeit konnte ich seinem Zuspruch immer leichter folgen. Es waren ja meist katholische Beerdigungen, vor dem Konzil. Da wurde lateinisch gesprochen und gesungen. „Asche zu Asche, Staub zu Staub" fuhr da den Leidtragenden nicht so fürchterlich in die Glieder.

Drei Jahre arbeitete ich mit dem Huber Alois, zwar für verschiedene Zeitungen, aber für dieselbe Stadt. Dann ging ich weg, hatte draußen in der Welt ein bisserl

Erfolg. 1984 habe ich in einem Regensburger Jahrbuch einen schönen Artikel über den Huber Alois gelesen, keinen schönrednerischen. Verfasser war sein einstiger Chefredakteur Andreas Albrecht. Ein Nachruf war es eigentlich nicht. Aber man konnte den Zeilen entnehmen, dass der Alois irgendwann vorher den irdischen Raum verlassen hat. Hoffentlich hatten sie drüben ein Fahrrad für ihn und genügend Schnupftabak. „Requiescat in pace!"

ZEICHEN AM STRASSENRAND

Wenn man noch in den Dreißiger Jahren nach Ziegetsdorf hinaufwanderte, fand man ganz oben auf der Kuppe am Straßenrand ein recht merkwürdiges, vom Rost schon angefressenes Schild aus Gusseisen. Es war auf einer Stange befestigt und zeigte nichts als ein Zeichen, das ebenso ein Schusterleisten als auch eine altrömische Öllampe sein konnte. Es handelte sich um ein frühes Verkehrszeichen, das den Fuhrleuten bedeutete, dass nun der Hemmschuh einzulegen sei. Der sah in der Tat einem Schuh ähnlich, war aus Holz oder Eisen, hing an einer am Wagen befestigten Kette und wurde vor ein Rad der starren Hinterachse geschoben und erhöhte die Bremswirkung beim Bergabfahren. Das entspricht heute einem Verkehrsschild, das auf das zu erwartende Gefälle hinweist. Ich habe dieses historische Schild noch gesehen, als ich nach dem Krieg als Beifahrer auf einem „Brummi" mitfuhr. Damals verlangte der Fahrer von mir auch, dass ich ein gutes Klappmesser mitführe. Das sei eine zwar überholte, doch noch nicht abgeschaffte Vorschrift für Fuhrleute. Sie sollten damit in die Lage versetzt werden, schnell die Zugleinen durchtrennen zu können, wenn die Spannpferde „durchgingen". Ob die entsprechende Verordnung immer noch gilt?

Da waren aber auch an den Wegen, die aus der Stadt führten, noch andere Marken gesetzt: vierkantige Steinsäulen mit zugespitzter Kuppe, auf einer Seite das Schlüsselwappen der Stadt, auf der anderen die bayerischen Rauten zeigend. Es handelte sich um Burgfriedenssäulen. Ursprünglich gab es 21 solcher Steine, erhalten, wenn auch meist recht versteckt, hat sich davon noch ein knappes Dutzend. Einer davon steht, vom Autoverkehr um-

rauscht, auf dem Mittelstreifen der breit ausgebauten Kirchmeierstraße, auf der Höhe des Autohauses Kellnberger. Burgfrieden wurde jenes Territorium genannt, das zwar außerhalb der Mauern der Freien Reichsstadt Regensburg lag, jedoch noch ihrer Obrigkeit unterstand. Die Grenze zum Herzog- und Kurfürstentum Bayern markierten eben jene Säulen. Der Regensburger Burgfrieden begann an der Donau, gegenüber dem Ort Kneiting, zog nach Südosten bis zum Ziegetsberg hinauf, sparte in einem nach Norden weisenden Dreieck das Kloster Karthaus und den heutigen Ortsteil Kumpfmühl aus und zog dann im weiten Bogen wieder zur Donau bei Irlmauth. Im Norden brauchte es keine Grenzmarken. Da verlief die Grenze zu Bayern an der Donau, wenn auch die beiden Wöhrde und das Katharinenspital, Gründung des Regensburger Bischofs Konrad IV., zum Stadtgebiet gehörten. Regensburg hatte somit kein nennenswertes Hoheitsgebiet außerhalb der Mauern. Nürnberg stand da ganz anders da. Weite Teile vor allem des östlichen Umlandes waren im Besitz der Pegnitzstadt, die ja sogar in Altdorf eine eigene Universität betrieb. Regensburg aber hatte seinen minimalen Burgfrieden sogar gegen das bayerische Fürstenhaus zu verteidigen, bis die Stadt 1810 wieder mit Bayern vereint wurde.

DAS „OSTERHASENWÄLDCHEN"

Tausende fahren täglich daran vorbei und keiner
kennt es. Und wenn es einer kennen sollte, dann
weiß er nicht, dass es sich um das „Osterhasenwäldchen"
handelt. Das weiß nämlich nur ich. Taufpatin dieses kleinen Waldstücks ist meine Mutter gewesen. In den dreißiger Jahren führte unser Familien-Osterspaziergang in
der Regel nach Königswiesen, damals ein stattliches Gut
mit großen Feldern, einem Weiher, einem Park und einem kleinen Waldstück auf halber Höhe des Ziegetsber-
ges. In dieses Waldstück lenkte meine Mutter unsere
Schritte, und kaum befanden wir uns unterm schattigen
Grün, rief sie uns einmal von da und einmal von dort:
„Schaut, ich glaub, da hat Euch der Osterhase noch was

hingelegt!" Und in der Tat, da lag dann auch ein buntes Ei oder was sonst noch dieser viel geplagte Langohrträger an diesem Tag zu bringen hatte. So wurde dieser schattige Hain eben zum „Osterhasenwäldchen".

Ich kann es kaum begreifen, dass es diesen kleinen Wald heute noch gibt. Dass er an der Ziegetsdorfer Straße liegt, hätte und hat ihn auch nicht in Gefahr gebracht. Aber er steht ja heute mitten im Betonsystem des Autobahnkreuzes Regensburg! Einer dieser Auffahrtsarme hält ihn zur Hälfte fest in seiner Armbeuge und ringsum donnert brausender Verkehrslärm. Von der Ziegetsdorfer Straße her führt ein schmaler Weg in mein „Osterhasenwäldchen". Und am Eingang steht ein Schild: „Naturschutzgebiet". Frage an alle Autobahnanschlussstellen: Wer hat noch ein Naturschutzgebiet in seinem Beton-Kleeblatt? Wenn sich niemand meldet, ist einmal mehr bewiesen: Wer Wunder sucht, muss nach Regensburg kommen.

DIE EISMACHER VOM AUERBRÄU

Reinhausen war bis 1924 ein Dorf, mit 5000 Einwohnern allerdings das größte in Bayern. Seither ist es ein Stadtteil von Regensburg, ebenso das am anderen Regenufer gelegene Steinweg. Der Fluss trennte aber die beiden Orte nicht, er verband sie eher. Da war ja schon einmal das anerkannt gute Bier vom Steinweger Auerbräu und der schöne Biergarten, in dem es im Sommer kredenzt wurde. Seit dem 17. Jahrhundert ist an dieser Stelle eine Brauerei nachweisbar.

Bis in die frühen sechziger Jahre des vorigen Jahrhunderts konnte man zur damals noch strengeren Winterszeit ein Schauspiel der besonderen Art erleben. Die Eismacher vom Auerbräu waren am Werk. Sie hackten auf dem damals noch regelmäßig zugefrorenen Regenfluss herum, sägten größere Schollen aus, tanzten und sprangen auf ihnen, dirigierten sie ans Ufer, häuften sie auf und luden sie auf Fuhrwerke, die das Eis in den nahen Sommerkeller unter dem Dreifaltigkeitsberg brachten. Kühle für das Bier und den Durst des nächsten Sommers wurde da aus dem winterlichen Fluss geerntet.

Den „Kapo", wie man den Anführer der Eismacher auch nannte, habe ich sehr gut gekannt. Der war drüben in Reinhausen an der Oberen Regenstraße daheim, hieß Martin Brändl und überließ seiner Frau die Arbeit in ihrem kleinen Kramerladen. Ansonsten war er weit und breit berühmt als geschickter Schafkopfer, Tarocker und Kegler. Seine Frau, die Berta, wurde die „Brändlkramerin" genannt. Sie war eine der letzten Kramerinnen in der ganzen Stadt. Auch der Martin, ihr Mann, war „einer der letzten", und zwar einer der letzten Regenflößer. Bis zum Zweiten Weltkrieg wurden ja riesige Mengen von Baumstämmen oder großen Scheiten aus dem Bayerischen Wald den Regen herab geflößt oder getriftet. Gelagert wurden sie hier beiderseits der Flussmündung, wovon die Holzgartenstraße in Reinhausen auch ihren Namen hat. Nach dem Krieg war es mit der Flößerei endgültig vorbei. Also war es gut, dass der Martin und seine Berta ihren kleinen Laden und das eigene Haus hatten. Wenn dann der Fluss zugefroren und mit einem riesigen Eisstoß bedeckt war, kam seine große Zeit, das Eismachen. Wer den Brändl Martin dabei beobachtete, sah klar und deutlich, dass hier ein großer Könner am Werk war, ein Virtuose am Fluss, ein Meister im Umgang mit auf dem Wasser treibenden Dingen. Das war eben auch Spiel, Geschicklichkeit, Risiko, genau wie das Kegeln, das Tarocken oder das Schafkopfen.

Der Martin ist lang schon tot, die Berta auch, der Regen friert nicht mehr zu und der Auerbräu ist seit fast einem halben Jahrhundert keine Brauerei mehr, wohl aber eine wunderbare Bier- und Speisewirtschaft, in der vor allem Leute verkehren, die nicht nur Speis und Trank, sondern auch ein gescheites Gespräch genießen wollen.

Wäsche trocknen und Ringelreihen – Hinterhofidyll anno 1950

Der „Arber-Express"

Wenn ich mich recht erinnere, hieß er nicht „Arber-Express", sondern schlicht und einfach „Bayerwaldzug". Die ganzen fünfziger Jahre hindurch verkehrte dieser Sonderzug der damaligen Deutschen Bundesbahn an Wintersonntagen zwischen Regensburg und Bayerisch Eisenstein. Abfahrt gegen fünf Uhr früh, Rückkunft so gegen 21 Uhr, stark verbilligter Fahrpreis, flotte Schlagermusik in allen Waggons, bald auch ein „Tanzwagen" in der Zugmitte, fröhliches Lächeln und Winken auf allen Stationen im Bayerischen Wald, rote Bahn- und gelbe Postbusse an der Endstation in Bayerisch-Eisenstein, ein kurzer Blick vielleicht auf den völlig toten tschechischen Teil des Grenzbahnhofs und dann nichts wie hinauf zum Brennessattel, zur Talstation der nagelneuen Arber-Sesselbahn. Im Idealfall droben unterm Arbergipfel Sonnenschein und Pulverschnee, einen ganzen Sonntag lang hinunterschwingen, hinaufschweben und dazwischen die Brotzeit im Arberschutzhaus, Rast auf warmen Felsen, Weitblick über den Bayerischen und den Böhmischen Wald. Kurz gesagt: Wintersonntagsglück pur!

Wie es den vielen anderen innerlich zumute war, die gleich mir so in aller Herrgottsfrühe zum Skizug eilten, weiß ich nicht. Ich aber, damals so um die 25 Jahre alt, kam mir als echter Saubermann vor. Es war ja auch Faschingszeit mit all den Bällen, von denen man den einen oder anderen auch gern besucht hätte. Man hatte sich aber für Natur und Sport entschieden und hegte leise Verachtung für all die Gröhler und Sänger, die da im bunten Faschingskostüm nach Hause wankten und nun den ganzen Sonntag ihren Kater zu bekämpfen hatten.

Was nun aber nicht heißen soll, dass nicht auch ich – in etwas späteren Jahren – ein ganz gewaltiger Faschingsmensch werden sollte. Alles hat seine Zeit. Außerdem wurden ja auch von Regensburg aus Fahrten zum Skifasching auf dem Pröller bei Sankt Englmar organisiert. Man freute sich seines Lebens in jenen fünfziger Jahren. Das hätten wir nicht machen sollen, warfen uns dann die „68er" vor. Aber irgendwann muss doch jeder Mensch was zum Lachen haben dürfen?

Sie können jetzt, liebe Leserin und lieber Leser, gleich weiterblättern, es sei denn, es interessiere Sie die einzige (Ehrenwort!) Korruptionsaffäre meines Lebens. Einige Zeit führte ich nämlich nicht nur meine Skier auf diesen Arberfahrten mit, sondern auch ein ungemein liebes weibliches Wesen, die blonde Elfriede. Verknallt war sie nicht gerade in mich, also musste ich ihr schon ein bisserl imponieren. Eine gute Gelegenheit war der „Bayerwaldzug". Mein Vater, Bahn-Werkmeister, leitete nämlich eine Werkstatt, die auch für die Musik-Beschallung dieses Ski-Zuges zuständig war. Also kannte ich den Mann, der die Schallplatten auflegte und die Durchsagen machte. Es gab da auch so eine Art Wunschkonzert. Ich musste also nur die Elfriede nach ihrem Schlagerwunsch fragen, ins Technikerabteil gehen und dann hörte meine Verehrte bald aus dem Lautsprecher, dass nun dies oder das für die Elfriede gespielt werde. Zu ihrer Ehre muss ich sagen, dass ihr das eher peinlich war und zu meiner Ehre kann ich bekennen, dass ich einen zweiten Wunsch auch nicht mehr vortrug. Und mit der Elfriede ist es sowieso nichts geworden.

DER „DREIBÄUMERLBERG"

In früheren Jahrzehnten gab es viel mehr und viel länger Schnee in und um unsere Stadt Regensburg. Das Skifahren war bei Kindern irgendwie noch nicht eingeführt. Wahrscheinlich war die Ausrüstung zu teuer und so einen richtigen Skihang gab es auch am Stadtrand nicht. Also war der Schlitten das Hauptsportgerät für Buben und Mädchen. Es wurde praktisch überall gefahren, wo es bergab ging und Schnee lag, auch auf ruhigeren Straßen. Wir vom Galgenberg und der Friedenstraße benutzten sogar die Böschung der Auffahrt zur Galgenbergbrücke, auch wenn das alles andere als eine ideale Rodelbahn gewesen ist. Wagemutige scheuten auch vor dem Weg nach Steinweg nicht, wohin man sich in den dreißiger Jahren als Bewohner von Alt-Regensburg nicht so gern begab. Die nördlich der Donau gelegenen, erst 1924 eingemeindeten Stadtteile waren noch zu fremd. Dort drüben aber gab es das Nonplusultra für Schlittenfahrer, den langen, steilen Hang unter der Seidenplantage. Ich habe mich mehrmals überwunden und die herrliche Rodelbahn genossen.

Für die „herüberen" Regensburger gab es den kurzen Hang am „Studentenwiesl" in der östlichen Allee, nahe dem heutigen Hallenbad. Dort gibt es noch heute einen Kinderspielplatz. Schon in einem Stadtplan von 1808 ist die „Studentenwiese" eingetragen. Es handelt sich also um einen geradezu historischen „Bolzplatz". Größeres Rodelvergnügen fanden wir aber am „Dreibäumerlberg" an der damals noch schmalen und ungeteerten Kirchmeierstraße. Natürlich hat ihm eine markante Gruppe dreier Bäume den Namen gegeben. Der Hang war breit und völlig frei von Hindernissen. Eine wahre Jubelbahn!

Freilich gab es da ein Mordsgewurl, da vor allem ganz
Kumpfmühl und halb Dechbetten mit den Schlitten hier-
her zogen. Heute führt am Fuß, den Bahnanlagen entlang, eine mehrspurige Schnellstraße vorbei und oben
auf dem Kamm der Anhöhe ragen leuchtend weiß die
hohen Häuser der Wohnanlage Königswiesen in den Him-
mel. Ganz verloren ist der „Dreibäumerlberg" aber nicht.
Es lädt noch ein Park ein, in dem man sicher auch Schlitten fahren kann und droben gibt es eine Gaststätte „Zum
Dreibäumerlberg". Da sitzt man, in Nachbarschaft einer Kleingartenkolonie, mitten im Grünen. Und das ist
ja auch ganz schön.

DIE „SCHEIB'N"

Mein kleines Zimmer in Großvaters Haus war ganz oben fast unter dem Giebel. Am schönsten war es in der Nacht; von meinem Fenster konnte ich, ohne Kopf und Augen zu wenden, den ganzen Platz übersehen, und wenn es dunkel und das Theater nach Eintreffen des Fürsten erleuchtet war, wurden seine Wagen, um die Pferde warm zu halten, langsam rings um den Platz gefahren, in dessen Mitte ein Gitter ein mit Pflanzen und Bäumen bewachsenes Rondell umgab, auf dem sich eine kleine Statue erhob. Die glänzenden Geschirre, die Livreen der Kutscher und Diener, die Laternen, wurden zu einem zauberhaft erhellten, edelsteingeschmückten Karussell ..."

Den Blick auf ein Stück Regensburger Welt aus der Zeit um 1905 verdanken wir dem Schriftsteller und Maler Ludwig Bemelmans, der 1898 in Meran geboren wurde und 1962 in New York starb. Der Platz, auf dem sich die romantische Szene abspielte, war der Arnulfsplatz, der bis 1872 „Unterer Jakobshof" hieß. Der „Obere Jakobshof" wurde damals in „Bismarckplatz" umbenannt. Das Giebelzimmer befand sich im Haus der heute auch nicht mehr existierenden Brauerei Emslander. Der damalige Besitzer, Ludwig Fischer, war der Großvater des kleinen Spähers, dessen Mutter Franziska den belgischen Maler Lambert Bemelmans geheiratet hatte. Das geschilderte Rondell wurde 1928 abgebaut, das erwähnte Denkmal, das eigentlich ein Brunnen war, dem Städtchen Eschenbach in der nördlichen Oberpfalz verkauft, wo es heute noch vorhanden ist. Man legte nun eine runde, gepflasterte Verkehrsinsel an, in deren Mitte meines Wissens eine „Normaluhr" stand, die bald zum beliebten Treffpunkt wurde. War es nun schon das grüne Rondell oder erst die gepflasterte Rundinsel, die den Arnulfsplatz bei den Regensburgern zur „Scheib'n" machte? Manch älterer Einwohner benützt diesen Namen noch heute, obwohl auch die runde Insel und die Normaluhr weg sind.

Der Arnulfsplatz hat seinen Namen vom Bayernherzog Arnulf, der 920 seine Residenzstadt nach Westen erweiterte. Die neue Stadtmauer verlief an der Ostseite des Platzes den Weißgerbergraben hinunter zur Donau. Die anschließende „Westnerwacht" entstand nach einer späteren Stadterweiterung. Heute ist der Platz eigentlich wieder „d' Scheib'n", nämlich eine der großen Drehscheiben des Straßenverkehrs mit Busbahnsteigen und stark frequentierter Durchgangsstraße. Und auch wenn der einst so gemütliche „Emslander" eine Gaststätte anderen Charakters geworden ist, der „Kneitinger", einheimisch nur „der Knei" genannt, existiert ja noch zwei Häuser weiter, eine der berühmtesten Brauereiwirtschaften in Bayern. Wer dort sitzt, sitzt gern lange und an Gesellschaft fehlt es ihm gewiss nicht.

Der Bericht über die hochherrschaftliche Auffahrt vor dem Stadttheater findet sich in Ludwig Bemelmans' Roman „Hotel Splendid", dem er zur Einführung ein Kapitel „Der Lausbub" vorgesetzt hat. Nachdem Bemelmans in der Regensburger Kreisoberrealschule (damals noch im Thon-Dittmer-Palais am Haidplatz) und in einem Internat zu Rothenburg ob der Tauber nur ganz geringe Erfolge erzielte, schickte man ihn zu Onkel Hans Bemelmans, einem bedeutenden Gastronomen und Förderer des Fremdenverkehrs in Südtirol. „Bemelmans Posthotel" in Klobenstein auf dem Ritten über Bozen erinnert noch an ihn. Offenbar genervt von dem wilden Neffen, schickte er diesen mit Empfehlungen an große

Hoteliers 1914 nach New York, wo er dann seinen Stoff zu „Hotel Splendid" fand und seine endliche Heimat. Berühmt aber wurde er als Zeichner und Maler, vor allem aber auch als Autor einer Kinderbuchserie, deren Titelheldin „Madeline" an seine 1934 geheiratete Frau Madeleine erinnert. Nach Regensburg kam er immer wieder, zuletzt im Frühjahr 1962, vier Monate vor seinem Tod. Ludwig Bemelmans ist eines von vielen Beispielen, dass ein miserabler Schüler im Leben kein Versager sein muss. Ein schmaler Druck, nach seinem Tod erschienen, trägt den Titel „Tell Them It Was Wonderful". Und in diese letzte literarische Mitteilung Bemelmans, dass sein Leben wunderbar gewesen ist, hat er auch Regensburg und den Arnulfsplatz mit eingeschlossen.

Exportschlager „Weichser Radi"

Es wird wohl an die dreißig Jahre her sein, da standen noch vor der sonnigen Südwand der Stiftskirche St. Johann am westlichen Domplatz eine Reihe von „Radiweibern" hinter ihren vierrädrigen, weidengeflochtenen Verkaufswägen, die wie große Kinderwägen zu schieben waren, und hatten vor sich Berge schneeweißer Rettiche aufgebaut, die sie den Passanten zum Kauf anboten. Ein schönes, herzerfrischendes Bild war das. Besonders in Erinnerung, vor allem durch Fotos, die in keinem Bildband oder Regensburger Werbeprospekt fehlen durften, ist die „Beer Mare". Sie hielt noch lange Jahre allein die Stellung, und zwar am Adlerbrunnen, gleich neben dem Krauterermarkt. Sie war ein ganz großes Regensburger Original, wusste sich – schlagfertig wie sie war – auch gut zu verkaufen. Ich erinnere mich an manch köstliches Gespräch mit ihr.

Was die „Beer Mare" und die anderen Frauen da so verlockend anboten, war nicht irgendein Rettich, nein, das war frisch aus der Gartenerde gezogener „Weichser Radi", der anerkannt beste Rettich, den man im ganzen Land haben konnte. Er kam aus dem erst 1924 eingemeindeten Dorf Weichs, das an der Einmündung des Regen in die Donau liegt. Man hatte um 1800 die zum Schloss von Weichs gehörenden Ländereien in kleinere Parzellen aufgeteilt und darauf Kleinbauern angesiedelt, die damals „Kolonisten" genannt wurden. Sie lebten vor allem vom Gemüsebau. Um 1880 wurde dort der Anteil von Rettichbeeten immer größer, weil der sandige angeschwemmte Boden gerade für diese weiße Wurzel sich als besonders geeignet erwies und weil die Nachfrage nach frischem „Radi" enorm anstieg.

„Weichser Radi" wurde dann sogar zum Exportschlager. Es fanden sich unter den Weichser Radibauern bald Aufkäufer, die am frühesten Morgen die gerade aus der Erde gezogenen und am Brunnen gewaschenen Rettiche in großen Mengen zum Bahnhof Walhallastraße brachten, wo sie in Güterwaggons über Hof nach Berlin verfrachtet wurden. Weichs wurde mit diesem „Weichser Rettich" in Berlin damals bekannter als das große Regensburg. Einen Waggon habe ich auch in den Dreißiger Jahren immer auf einem Abstellgleis des Hauptbahnhofs stehen sehen. Von dort reisten die Wurzeln zum Münchner Großmarkt und waren in den Biergärten als „Bierrettich" sehr begehrt. Natürlich standen auch am Eingang von Regensburger Biergärten, vor allem vor dem „Spitalgarten" in Stadtamhof, „Radiweiber". Man deckte sich mit der richtigen Brotzeitmenge ein und bekam von der Bedienung Teller und Salz gratis serviert. Der echte Regensburger schnitt übrigens seinen Radi nicht – wie der Münchner – quer von zwei Seiten her ein, so dass eine Art Ziehharmonika entsteht, nein, er schnitt sie mit einem mitgebrachten scharfen Messer längs, ganz bedächtig, ja fast andächtig. Dabei sollte kein „Blattl" herausfallen. Der so geschnittene Radi wurde dann wie ein Buch aufgeblättert und von Blatt zu Blatt gesalzen. Dann musste er „weinen" und wurde anschließend zum Butterbrot Blatt für Blatt genießerisch auf die Zunge gelegt. Mit den heute angebotenen Riesenrettichen hätte man das nicht machen können.

Der Radi, eine recht wässerige Wurzel, brauchte zur Aufzucht auch viel Wasser. Aber kein frisches Brunnen- oder gar Leitungswasser. Kaltes Wasser vertrug er nicht, der Weichser Radi. Und so pumpte man im Garten herumstehende Fässer mit Wasser voll, mit dem erst nach

der Erwärmung die Gießkannen gefüllt wurden. In jedem Weichser Garten stand auch ein eigens gegrabener
Brunnen, aus dem diese Fässer gefüllt wurden. Einige
dieser Brunnen stehen noch heute. Sie schauen aus wie
zu hoch angebrachte Wippschaukeln. Auf ein langes, mit
der Pumpe verbundenes Brett, stiegen damals immer
zwei Leute, meist Kinder, und wippten, wobei sie sich
an einer Querstange festhalten konnten. Diese wundersame Wippe war der höchst originelle Pumpenschwengel.

War die „Beer Mare" das eine Weichser Original, so
war der „Gärtner Nußbaum" ein anderes. Ich lernte ihn
als schon Hochbetagten in der Redaktion unserer Zeitung kennen. Da brachte er jeden Tag den Wetterbericht.
Ja, ungelogen! Unter der Rubrik „Der Wettermacher von
Weichs" stand seine Wetterprognose jeden Tag im Lokalteil. Und mehr Fehler als im amtlichen Bericht hatte er
auch nicht. Ich habe ihn Anfang der sechziger Jahre noch
einmal besucht, für eine Radio-Reportage. Da erklärte
er mir sein System. Er hatte sich aus Latten und Win-
keln ein Gerät gemacht, mit dem er – wie er sagte – die
Wolkenschichten nach ihrer Höhe anpeilen konnte. Die
Schichten kreisen ringförmig, meinte er, sinken stetig ab
und verdichten sich mehr und mehr zu Regenwolken. Da
er den Zyklus durch Beobachtung herausgefunden habe,
könne er sagen, wann hochliegende Cyruswolken sich
zu Regenwolken heruntergearbeitet haben. Er teile mittlerweile in Kursen sein Wissen anderen mit. „Jetzt, wo
ich noch leb, is des noch leicht möglich, wann i g'storbn
bin, is des viel schwieriger", sagte er mir. Er ist längst
gestorben. Aber so wie ich ihn kennen gelernt habe, weiß
ich nicht, ob er nicht doch noch mit seinem hölzernen
„Wettersextanten" auf Cyruswolkenjagd geht. Irgendwo und irgendwie.

EINE REGENSBURGER SPEZIALITÄT: „MENSCHEN IN ASPIK"

Der Regensburger verspeist zwar – vom Grill oder in Essig und Öl – gerne Regensburger, aber das sind kurze, dicke Fleischwürste, die hier auch „Knackwürste" genannt werden, aber „Menschen in Aspik" hat er nie und nimmer gegessen. Wohl aber hat es sie gegeben, quasi eine Regensburger Spezialität. Die Rede ist vom „Messerschmitt-Kabinenroller", der aussah wie ein auf drei Räder gesetztes Cockpit einer „Me 109", des berühmten Jagdflugzeuges, das in den Regensburger Messerschmitt-Werken bis 1945 gebaut worden war. Erfinder und Konstrukteur dieses so ganz besonderen Kleinautos war Fritz Fend, der während des Zweiten Weltkriegs wesentlich an der Entwicklung der Messerschmitt-Flugzeuge beteiligt gewesen war.

Auf dem Gelände des für die Rüstung bestimmten Flugzeugwerkes im Westen der Stadt hatte sich die friedliche „Regensburger Stahl- und Metallbau-Gesellschaft" eingerichtet, die Fends Idee, ein Fortbewegungsmittel für mindestens zwei Personen mit Wetterschutz zu bauen, gerne aufnahm. Und so konnten im Frühjahr 1953 die Besucher des Genfer Automobilsalons den ersten serienmäßigen „Messerschmitt-Kabinenroller" bewundern oder auch belächeln. Es handelte sich um den Typ „KR 175", angetrieben von einem 175-ccm-Motor, der ganze 9 PS leistete. Der verbesserte „KR 200" brachte es dann mit seinem 191-ccm-Motor auf 10 PS und 100 km/h. Von diesem Modell wurden bis 1964 immerhin 75 000 hergestellt und verkauft. Der Preis lag bei 2400 DM. Für 50 Mark Aufpreis konnte man auch den „KR 201" erwerben, eine Cabrio-Ausführung mit klappbarem

Stoffdach. Krönung der ganzen Entwicklung bildete der vierrädrige „TG 500" mit gewaltigen 20 PS, 130 km/h Spitze und einem Preis von 3650 DM, wovon aber zwischen 1958 und 1962 nur ganze 950 Stück verkauft werden konnten. Heute sind die Messerschmitt-Kabinenroller heiß begehrte Raritäten bei Oldtimer-Sammlern.

Der Messerschmitt-Kabinenroller, sportlich von Haus aus, hat sich auch auf der Rennbahn bewährt. Für solche Gelegenheiten hatte man den Typ „KR Super 200" konstruiert, der sich vom Standardmodell nur durch ein Renndach und etwas niedrigere Kotflügel unterschied. Den größten Erfolg heimste man 1955 auf dem Hockenheimring ein. Bei einem 24-Stundenrennen, das die Dauerbelastung prüfen sollte, gab es für den „Super 200" 19 Rekorde. Sechs Fahrer lösten sich in einem pausenlosen Rennen ab und braussten mit beständigen 70 Stundenkilometern über die Strecke. Die am Ende ziemlich erschöpften aber glücklichen Fahrer kämpften zeitweise gegen Nebel mit nur zehn Metern Sichtweite und gegen eine gewaltige Fliegenplage.

Die Sympathien für den Kabinenroller waren groß. Das beweisen schon einmal die vielen Kosenamen, von denen „Schneewittchensarg" einer der ersten und zugleich der märchenhafteste gewesen ist. „König der Roller" war sicher für die Hersteller ein recht positiver Titel, der wohl verliehen wurde, weil in der damaligen „Roller-Zeit" eben der Wetterschutz einen hohen Stellenwert hatte. Glas in Dingolfing stellte ja auch bald vom Roller „Goggo" auf das überdachte, vierrädrige „Goggomobil" um, das heute ebenfalls eine Legende ist. Der lustigste Kosename aber war aber sicher „Menschen in Aspik", weil ja da wirklich zwei Menschen hintereinander unter einer langgestreckten Plexiglaskuppel saßen.

Bei angelaufenem Verdeck sah das wirklich aus, als steckten sie in Sülze.

In Regensburg sah man natürlich besonders viele Messerschmitt-Roller. Ich hätte auch gern mein Fahrrad damals gegen so ein schnittiges Fahrzeug eingetauscht. Einmal hatte ich mit so einem Gefährt ein besonderes Erlebnis, das ich bei allem in mir steckenden Hang zur Diskretion nach einem halben Jahrhundert wohl erzählen darf. In der Ludwigstraße parkte ein junges Pärchen so ein „Aspik-Auto". Als ich vorbeiging, half der Fahrer gerade seiner hinter ihm sitzenden Beifahrerin, die ja sowieso ihre Beine nach vorn links und rechts von ihm ausstrecken musste, in ein paar Perlonstrümpfe, die sie offenbar gerade gekauft hatten. „Unverschämtheit", sagte eine Passantin und sah mich um Zustimmung heischend an. „Ja mei", habe ich geantwortet, „wenn sie sich dabei vors Auto stellt, wird's auch keinem passen, oder?" Entrüstet ging die Sittenwächterin weiter. Und ich auch, allerdings schmunzelnd.

Regensburger Altstadtgasse mit mächtigen Quaderwänden und Kopfsteinpflaster

PREISGEKRÖNTE RAMMLER IM „BISCHOFSHOF"

In Regensburg haben wir zwei Hofbräuhäuser. Das eine ist die Gaststätte „Hofbräuhaus", dem Alten Rathaus gegenüber. Dort gibt es Bier vom Staatlichen Hofbräuhaus in München. Das andere ist das Hotel „Bischofshof". Dort gibt es Bier von der Brauerei gleichen Namens und die stand bis 1909 auch am Ostrand des großen Gevierts, gleich neben der „Porta Praetoria", dem Nordtor des römischen Legionslagers „Castra Regina". Und diese Sudstätte, heute als Großbrauerei an der Dechbettener Straße gelegen, ist das eigentliche Hofbräuhaus in Regensburg, 1649 von Fürstbischof Franz Wilhelm von Wartenberg gegründet. „Zu herrschaftlicher Präsenz und Nutzung", wie es in der entsprechenden Urkunde festgelegt ist. Der aus einer Nebenlinie des bayerischen Herzoghauses der Wittelsbacher stammende geistliche Fürst hatte in München wohl gesehen, welchen Nutzen das von seinem Onkel Herzog Wilhelm dem Frommen gegründete dortige Hofbräuhaus bringen kann.

Der heutige „Bischofshof" war wirklich das, was der Name sagt: der Hof des Fürstbischofs, seine Residenz. Hier galt es auch Quartier, Speis und Trank für viele Gäste bieten zu können, war doch die Residenz immer wieder Quartier des Kaisers mit großem Gefolge. Da war eine Brauerei schon recht hilfreich. Weit vor dem Wartenberger, um 1530, hatte der lebensfrohe Pfalzgraf Johann III., fürstbischöflicher Administrator und ebenfalls ein Wittelsbacher, seine Residenz mit modernen Bequemlichkeiten ausstatten lassen, unter anderem mit einer Badstube, angeblich nur für den Kaiser gedacht, in die der große Albrecht Altdorfer recht frivole Fresken malte, deren Reste im Museum der Stadt zu sehen sind. Wenn ein alter Regensburger heute im ruhigen Innenhof ein wenig Rast hält, freut es ihn, wie schön hier alles in den letzten Jahrzehnten restauriert wurde. Der „Bischofshof" ist ein gastronomisches Glanzstück. Einem wie mir fehlt aber etwas: das Salettl, ein in der Mitte des Hofes stehender luftiger Saal aus Holz und Glas. Bis in die sechziger Jahre hinein hatte dieses Salettl mindestens drei Funktionen: überdachter Sitz bei schlechtem Wetter, Veranstaltungsraum und Ausstellungspavillon. Nein, kein Mini-Glaspalast der Künste, sondern eine ungemein beliebte Halle für die Züchter von Geflügel, Kaninchen oder Tauben. Was war das oft für ein Auftrieb! Es gurrte, krähte und gackerte nur so, schier unbegreifliche Rassenamen wurden einem von auskunftsfreudigen Züchtern genannt, der Kleintierhandel blühte und stolze Kaninchenbesitzer packten ihre preisgekrönten Rammler an den Genickfalten und hielten sie hoch über das klatschende Publikum. Grad schön wars! Wer heute im „Bischofshof" nach Geflügel sucht, findet es nur noch auf der Speisekarte. Halt! Da ist ja noch mitten im Hof der Brunnen des niederbayerischen Bildhauers Joseph Michael Neustifter. Da gibt es Gänse! Dargestellt ist in einer höchst amüsanten Gruppe die so genannte „Gänsepredigt", eine im Mittelalter weit verbreitete Legende, die auch am westlichsten Strebepfeiler der Südfront des Domes als Kleinplastik zu sehen ist. Ein böser Wolf mit Appetit auf Gänsebraten verkleidet sich in einen Kleriker, predigt einer Schar Gänsen so lange, bis sie eingeschlafen ist und sucht sich dann die fetteste aus. Da kann man dann im „Bischofshof" über einem Glas Bier über den tieferen Sinn nachdenken: Wer einem falschen Prediger verfällt, nimmt Schaden an seiner Seele.

DIE BRÄUBURSCHEN-FEUERWEHR

An einem Tag im April des Jahres 1956 stand ich als Beerdigungsberichterstatter meiner Zeitung am offenen Grab des Bundesbahn-Oberwerkmeisters Peter Meiringer, der im Alter von 80 Jahren gestorben war. Mit mir umsäumten viele Trauergäste das Grab, vor allem aber eine große Abordnung der Berufs- und Freiwilligen Feuerwehr. Man begrub schließlich an jenem Tag den letzten Dampfspritzenmeister Bayerns. Meiringer war vor und nach dem Ersten Weltkrieg Kompanieführer bei der Freiwilligen Feuerwehr Regensburg gewesen. Unter seinem Befehl standen dabei drei Maschinisten, drei Heizer, ein Kutscher, vier Kohlenwagenmänner und drei Schlauchwagenmänner. Dazu kamen noch die Steiger mit ihren Schiebeleitern. Wie er zu seinen Lebzeiten oft erzählte, hatte er mit seinen Mannen am Brandort so manche Bitterkeit zu schlucken. Neugierige umstanden meist die Einsatzstelle, zollten – wie im Theater – Beifall fürs entschiedene Eingreifen, sparten aber auch nicht mit Spott bei Pannen, die bei der unzureichenden Technik immer wieder passieren mussten.

So ein Feuerwehr-Kompanieführer hatte es nicht leicht. Er und seine Männer mussten ja bei Alarm erst zum Feuerwehr-Depot laufen, das bis in die fünfziger Jahre (dann schon für eine Berufsfeuerwehr mit Motorspritzen) im Thon-Dittmer-Palais am Haidplatz untergebracht war. Dann mussten die Pferde vorgespannt, der Dampfkessel angeheizt und am Brandort auf den nötigen Dampfdruck gewartet werden. In den meisten Fällen aber konnte man die Schläuche sofort an druckvolle Hydranten anschließen. 1901 wurde auf einer Fachmesse in Berlin der erste automobile Drei-Fahrzeug-Löschzug der Welt vorgestellt. Davon konnte Meiringer nur träumen. Wie in vielen Städten, wurde auch in Regensburg die neue lärmende und fauchende Antriebsform für Löschmaschinen abgelehnt, „da die Bespannung mit gesunden Pferden das Ideal eines Löschgerätes für jede Feuerwehr ist und bleibt."

Dem Meiringer Peter und seiner Freiwilligen Feuerwehr erwuchs 1905 vier Jahre lang großes Ungemach. Die Besitzer der Karmelitenbrauerei Max und Ludwig Bergmüller, selbst Mitglieder der Freiwilligen Feuerwehr, gründeten eine eigene Betriebsfeuerwehr. Da diese aus den im Betrieb wohnenden Bräuburschen bestand und bereits über einen automobilen Mannschaftswagen verfügte, konnte sie natürlich immer eher am Brandort sein und soll manch kleineres Feuer bei Eintreffen der offiziellen Truppe bereits gelöscht gehabt haben. So stahl sie den Freiwilligen die Schau. Bei größeren Bränden tat sich die Bergmüllerwehr oft derart hervor, dass es beim Löschen buchstäblich zu Konkurrenzkämpfen kam. 1909 mussten die reichen Bergmüllerbrüder aus wirtschaftlichen Gründen ihre Privatwehr auflösen, erst 1927 erhielt Regensburg eine Berufsfeuerwehr.

Julchen im Rosengarten

Julchen Stender war die Tochter von Georg Stender, des letzten Inhabers der Regensburger Bleistiftfabrik Rehbach & Stender. Als ich noch ein Kind war, habe ich das Julchen schon gekannt, ohne sie kennen gelernt zu haben; denn sie war schon fünf Jahre vor meiner Geburt gestorben, 1921, im Blütenalter von 18 Jahren. Wir wohnten in der Friedenstraße. Da befindet sich auch der Haupteingang des Evangelischen Zentralfriedhofs. Dorthin kamen wir, in den abschüssigen vorderen Teil, als Kinder zum Schlittenfahren und auch in der warmen Jahreszeit streiften wir mitunter durch den Friedhof und sahen uns vor allem die vornehmen Gräber an. Und da war nun dieses Stendergrab mit der Figur eines traurigen Mädchens darauf. Das Mädchen hielt ein paar Rosen in der rechten Hand, die traurig herabhingen. Ich dachte immer, da säße nun ein Engel ohne Flügel. Es hat mich immer wieder zu diesem Grabmal hingezogen.

Als ich nach Jahrzehnten beruflicher Abwesenheit wieder in mein Regensburg kam, da ging ich viel in der Stadt herum und kam auch in den Herzogpark beim Prebrunntor. Und wer saß da mit den hängenden Rosen in der Hand? Mein Engel vom Zentralfriedhof! Da sitzt er noch heute, im nordwestlichsten Teil des Herzogparks, umgeben von Rosenbeeten. Für einen Engel habe ich das Bronzemädchen nicht mehr gehalten. Also schaut man in Karl Bauers einzigartigem Regensburg-Buch nach (jeder, der über Regensburg schreibt, braucht das) und dann weiß man: Julchen Stender sitzt da, in Bronze, mitten im Rosenhag. Als 1979 das Stender-Grab aufgelassen wurde, kam die Bronzefigur an das Stadtgartenamt und das gab ihr den schönen Platz im Herzogpark. Und das hat sogar tiefere Bedeutung. Julchen lebte nämlich gleich um die Ecke, Prebrunnallee 6, im Haus ihrer Eltern. Sie kam oft herüber in den Herzogpark und traf sich dort auch immer wieder mit Herzogin Maximilian von Württemberg, die das Württembergische Palais im Herzogpark bewohnte, das heute das Naturkundemuseum beherbergt. Nach ihr und ihrer Schwiegermutter, Herzogin Paul von Württemberg, einer geborenen Prinzessin von Thurn und Taxis, ist der Park benannt. Auch wenn diese traurig-romantische Geschichte vielleicht nicht ganz in dieses Buch passt, lassen wir sie doch stehen, allen Spaziergängern zur Aufklärung und dem Julchen, damit der Engel meiner Kindheit nicht anonym da herumsitzen muss.

„GEMMA AUF'N KELLER!"

Starke Erinnerungskräfte sind nötig, wenn ich Zahl und Namen der Bierkeller aufzählen will, die in den dreißiger Jahren auf dem Galgenberg, einem der südlichen Hänge unserer Stadt, noch existiert haben. Es reichen mir dazu die fünf Finger einer Hand: Stadtkeller, Kneitingerkeller, Obermünsterkeller, Brandlkeller und Sternbräukeller. Einer ist übrig geblieben und erfreut sich noch immer großer Beliebtheit: der Kneitingerkeller. Alle zehn Finger würden nicht ausreichen, wenn ich gute hundert Jahre zurückginge. Da waren es sage und schreibe 17 Keller! Daraus kann man leicht folgern, dass in unserer Stadt, in der es heute nur noch drei Brauereien (Wirtshausbrauereien nicht mit eingerechnet) gibt, zu jener Zeit eine gewaltige Zahl von Sudkesseln in Regensburg dampfte.

Zu Aufgabe und System der Bierkeller muss ja wohl nicht mehr viel gesagt werden. Hier lagerte, meist unter der Erde, das Bier, über der Erde spendeten Bäume mit dichten Kronen, meist Kastanien, kühlenden Schatten, und in diesem Schatten standen gezimmerte Tische und Bänke, an denen Kellergästen, die ihre Brotzeit auch selbst mitbringen konnten, das frische Lagerbier kredenzt wurde. An lauen Sommerabenden zog eine Pilgerschar von Regensburgern zum Galgenberg hinauf, obwohl der nun alles andere als ein Wallfahrtsort war. Hier ragte Jahrhunderte hindurch der reichsstädtische Galgen auf. Der abendliche oder sonntägliche Pilgerzug verteilte sich auf die einzelnen Keller je nach Biergeschmack oder Gewohnheit. Meistens war man mit befreundeten Familien verabredet. „Gemma auf'n Keller" hieß es da. Die Kinder hatten einen Spielplatz oder suchten sich selbst einen zusammen. Für sie gab es ein „Kracherl", eine ziemlich süßstoffhaltige Zitronenbrause. Ich habe aber als Kind oft Väter beobachtet, die ihre kleinen Buben, zum sicher gespielten Entsetzen der Mütter, in den Maßkrug „hineinleuchten" ließen und von den Umhersitzenden Beifall für den gut entwickelten Bierdurst des Sprösslings heischten.

Mir war der Brandlkeller als Kind am liebsten. Der lag ganz hinten und ganz oben, war ziemlich ruhig und auch ziemlich romantisch. Das war was für mich, der ich nicht zu den Lauten, sondern eher zu den Träumern gehörte. Da machte mir auch keiner die aufgesammelten Kastanien streitig, die ich daheim mit Hilfe von Zündhölzern zu Männlein verarbeitete oder sie auf eine Schnur aufzog und dann als dunkelbraun glänzende Kette an eine meiner Gespielinnen verschenkte. Später, in den ersten Nachkriegsjahren, erhielt für uns etwa

Zwanzigjährige der Stadtkeller große Bedeutung. Hier gab es – sogar schon zur miserablen Reichsmarkzeit – Varieté- und Tanzabende mit dem, was man heute „Livemusik" nennt. Da konnten wir stolz unseren Damen etwas bieten, auch wenn es zunächst statt Bier oder Wein nur das so genannte „Kaltgetränk" gegeben hat.

Heute ist der Galgenberg ausgeräumt. Die Großbrauerei des Fürstenhauses Thurn und Taxis ist verkauft, die Gebäude sind abgebrochen, auf dem Gelände entsteht allerdings gerade ein großzügiges Wohnquartier, das gewiss großen Anklang finden wird. Da wird es sich zeigen, ob sich der Kneitingerkeller angesichts des gestiegenen Grundstückwerts noch halten kann. Vergönnen wir es ihm, dem letzten seines Stammes.

ELSAS ZEPTER WAR DIE GRILLZANGE

Es wird sich nie herausfinden lassen, welches Motiv in Regensburg am meisten fotografiert wird, der Dom Sankt Peter oder die „Historische Wurstkuchl". Vielleicht gibt es sogar ein Patt, weil man ja beim Fotografieren der Wurstküche auch die Domtürme mit ins Bild bringen kann. Diese Wurstküche gibt es seit langem und es wird sie immer geben, sagt doch ein Spruch: „Soll auch die Welt einmal vergehn, die Wurstkuchl sollen sie lassen stehn!" Na also!

Etwas fehlt aber in der „Historischen Wurstküche" seit fast zwanzig Jahren: die Schricker Elsa. 1994 ist sie im Alter von 92 Jahren gestorben. Noch wenige Jahre vor ihrem Tod hat sie das getan, was sie von Jugend auf getan und darüber sogar das Heiraten vergessen hatte: Sie stand am Grill der winzigen Wurstküche und sorgte dafür, dass die kleinen, leckeren Schweinsbratwürstl nicht zu hell und nicht zu schwarz ausfielen, dass der Sauerkrauttopf immer rechtzeitig aus dem eigenen Krautkeller nachgefüllt und die beliebte Kartoffelsuppe richtig gewürzt war. Ihr Vater hatte ihr einst diese Aufgabe übertragen und sie hat sie erfüllt, bis es mit den Beinen nicht mehr gehen wollte. Die Leitung hatte längst ihre Nichte Gitti und deren Ehemann Jörg Meier übernommen, die wohl wussten, was für ein Segen die stets freundliche Tante Elsa war. Man hätte sie auch zur Bratwurstkönigin machen können; denn sie schwang die Grillzange wie ein Zepter. Längst hat Nichte Gitti ihren Platz am Holzkohlengrill eingenommen und auch in ihrer Hand wirkt das „Grillzepter" recht majestätisch.

Die Elsa, so wurde Frau Schricker von allen genannt, die sie kannten, wusste mit der Kundschaft großartig

umzugehen, ob das nun ein unbekannter Brotzeitmacher
war oder ein hoher Politiker, die als Gäste der Stadt
immer fast automatisch zum Imbiss in die „Historische
Wurstküche" geführt wurden. Fotos in dem winzigen
Gastraum beweisen dies. Da lächeln dann der Höcherl
Hermann, der Waigel Theo oder der Franz Josef Strauß
mit der Elsa in die Kamera. Wenn unsereins in den fünfziger und sechziger Jahren auf sechs Würstl mit Kraut
(die vorgesehene Mindestmenge) eingekehrt ist, lagen auf
dem Teller meistens sechzehn. Dann lächelte die Elsa
und meinte: „Zeitungsschreiber habn doch immer an
gscheitn Hunger!" Elsa Schricker hatte aber auch ihre
Prinzipien. Um 14 Uhr war für sie Dienstschluss. Dann

ging sie die paar Schritte zum Schricker-Haus in der Thundorferstraße, gleich auf der anderen Straßenseite. Dort traf sich die weltgewandte und für ihre Schlagfertigkeit bekannte Frau in ihrer schönen Biedermeierstube mit Freundinnen zum Kaffeekränzchen. Um 17 Uhr war das auch zu Ende. Dann legte sie sich zum Spätnachmittagsschläfchen hin. Den Regensburgern ist sie heute noch unvergessen.

Da gehörte aber damals noch eine zweite Person zum festen Bestand, ein Mannsbild, der „Wurstkuchlmaler". Der hieß Richard Nicolas, war Jahrgang 1890 und kam nach dem Zweiten Weltkrieg aus seiner zerbombten Berliner Heimat nach Regensburg. Er stellte seine Staffelei vor allen schönen Ecken der Stadt auf, doch nirgends so oft, wie vor der Wurstkuchl. Es muss zugegeben werden, dass ihn die Regensburger – mich leider nicht ausgeschlossen – eher belächelten als bewunderten. Daran war Richard Nicolas schon ein bisserl selbst schuld: Er machte einfach nichts aus sich. Da er, der mit Max Liebermann und Käthe Kollwitz im Berlin der zwanziger Jahre Umgang hatte, von Berufsverbänden offenbar wenig oder gar nichts hielt, gab es seine impressionistischen Bilder in keiner Ausstellung, und öffentliche Aufträge hat er auch nie erhalten. Wenn er auf seinem Malerschemel vor der Wurstkuchl saß, durfte man ihm gern zuschauen. Auch Gesprächen über die Kunst wich er nicht aus. Nur durfte man ihm nicht mit der Moderne kommen. Für ihn hörte die Malerei mit den Impressionisten auf. Ich konnte ihm nicht einmal die Expressionisten noch einreden, mit denen ich gern die Entwicklung der Malerei als im Grunde abgeschlossen betrachten würde, im Übrigen aber jedem und jeder von Herzen ihr heutiges Malen und Zeichnen vergönne.

Der „Danton"

Der „Danton". Das war in den fünfziger Jahren eine Institution. Sie befand sich in der südlichen Hälfte der Maximilianstraße, eine italienische Eisdiele. Aber nicht nur eine Eisdiele, sondern eben der „Danton". Dahinter stand ein sizilianisches Bilderbuch-Mannsbild, Michele Dantoni (manchmal behauptete der Michele eigentlich d'Antoni zu heißen), das mit wunderbarem italienischen Akzent fließend Deutsch sprach. Halb Regensburg war bei ihm Kundschaft und das nicht nur zur Sommerszeit, nein, auch in den übrigen Jahreszeiten; denn der Michele wohnte – im Gegensatz zu italienischen Saison-Eismachern – mit seiner aus Regensburg stammenden Frau und zwei Töchtern fest in der Stadt. Da in der kalten Jahreszeit wenig mit Speiseeis zu verdienen war, gab es in seinem Geschäft, zu dem auch ein kleines Lokal gehörte, Espresso, Kaffee und große Portionen Spaghetti mit Tomatensoße und echt bayerischen Fleischpflanzln. Das machte satt! Dieses Gericht, das man vielleicht „Spaghetti bavarese" nennen könnte, gehört noch heute zu meinen Leibspeisen. Für Regensburg konnte Michele Dantoni übrigens als Erfinder der Negativwerbung gelten, hing doch in seinem Schaufenster ein Schild mit der Warnung: „Wenn Sie gut schlafen wollen, trinken Sie meinen Kaffee nicht. Er ist zu stark!"

Michele Dantoni wurde gleich nach dem Krieg von den US-Besatzern als Programmmanager für den Offiziersclub in Regensburg engagiert, da er vor und während des Krieges einschlägig im Filmgeschäft, bei der „Deutsch-Italienischen Filmunion", tätig gewesen war, die vor allem die Spielfilme mit dem weltberühmten Tenor Beniamino Gigli produzierte. Sein Engagement bei der US-Army hatte ihm viele Sänger und Musiker zu Freunden gemacht, die ihn nun auch immer wieder in der Eisdiele besuchten. So lernten Micheles Stammgäste, zu denen ich auch gehörte, sogar die Schlagersängerin Caterina Valente kennen, die damals noch nicht ganz so berühmt war. Ich erinnere mich auch an viele Besuche von Caterinas Mutter, einer kleinen aber ungemein lebhaften und forschen Person, die in Stiefeln und Reithosen daherkam. Die Valentes kamen ja aus der Zirkuswelt.

Mit der Zeit wurde aus Stammgästen ein wunderbarer Kreis von Freunden, dem Michele seine uns oft recht kurios erscheinenden Pläne vortrug. Seine große Begeisterung galt nach wie vor dem Film. Und so beschloss er, einen „Kulturfilm" (so nannte man damals im Vorprogramm der Kinos laufende Kurzfilme) über sein geliebtes Regensburg zu drehen. Mir fiel die Rolle des Drehbuchschreibers zu. So machte ich meinen ersten Film, dem später beim Bayerischen Fernsehen noch an die 1500 folgen sollten. Die einzigen Kostenpunkte für Michele waren der Kameramann, das Kopierwerk und der Schnitt, alles andere erledigten wir Freunde. Halt, für mein Drehbuch hatte mir der Michele 20 Mark zugesagt! Die habe ich aber an Eis abgegessen. Später machten wir auch noch einen richtigen Spielfilm, allerdings fürs Kinderprogramm. Da war aber dann der volle Einsatz aller Danton-Freunde nötig. Es war ein selbstloses und begeistertes Wirken für unseren Freund. Und es war schön.

Dantons Eisdiele war ein Unterhaltungslokal. Der Unterhalter war der Chef, der stundenlang seinen Gästen die merkwürdigsten Dinge aus seinem Leben erzählte. Alles mussten sie ja nicht glauben. Manchmal kam seine Frage: „Ach ja, wie wird es meinem Freund Beniamino gehen?" Wir wussten alle, jetzt redet er von Beniamino Gigli. Diese Freundschaft habe sogar ich stark angezweifelt. Bis eines Tages mein Vater, Bundesbahn-Werkmeister, heimkam und erzählte, dass des großen Sängers Salonwagen am anderen Tag in Regensburg von einem Fernzug auf einen anderen umrangiert werde. Das war etwas für mich als Zeitungsreporter und zugleich der Test für „mein Freund Beniamino". Ich eilte zu Michele und teilte ihm die Neuigkeit mit. „Du könntest ihn doch begrüßen und ein paar Blumen überreichen?" Ich war gespannt. „Ja, das können wir schon machen, aber deine Zeitung muss die Blumen bezahlen!" Also standen wir zur rechten Zeit vor dem einsam wartenden Salonwagen, in dem Gigli nicht allein war. Manager, Betreuer, ein Diener. Man winkte heftig ab als man uns sah, den Michele mit den Blumen und mich mit dem Fotogerät. Aber Michele war ein Glückskind. Gigli war aufmerksam geworden, schaute aus dem geschlossenen Fenster. Michele lächelte verzückt und ganz wunderbar, hielt dem großen Sänger den Blumenstrauß entgegen und wir zwei wurden tatsächlich in den Salonwagen gelassen. Beniamino und Michele umarmten sich, redeten in schnellem Italienisch miteinander und ich konnte fotografieren. Exklusiv! Die Rangierer kamen und wir mussten den Wagen verlassen. Wir winkten und Michele meinte: „Ein wenig alt ist er geworden, mein Freund Beniamino". Ich aber rätselte damals wie heute noch: Hat Gigli tatsächlich den Michele gekannt oder hat er nur die Not eines Landsmanns gespürt und dem Michele mit etlichen Umarmungen aus der Patsche geholfen? Diese Bahnsteigepisode fand übrigens 1955 statt, im letzten Auftrittsjahr Beniamino Giglis. Zwei Jahre später starb er.

Bio-Schlittschuhlauf

Ein Kunsteisstadion hat es in Regensburg früher nicht gegeben. Aber da die Winter damals noch kälter waren, konnte man den einen oder anderen Tennisplatz mit Wasser aufspritzen und erhielt damit auch einen Eislaufplatz. Die größte, mit einem Zaun vor „Schwarzfahrern" abgesicherte Eislauffläche befand sich auf dem Protzenweiher in Stadtamhof. Dort befindet sich heute die Schleuse des Europakanals. Ein Weiher war das nicht, sondern eine Flutmulde für Hochwasserzeiten. Diese wurde in der Tat nach dem Absinken der Flut oft noch wochenlang zu einem „Weiher". Weil es da auch viele „Protzen" (bayerisches Wort für Kröten) gab, erhielt er seinen Namen. Nach der Zerstörung Stadtamhofs durch österreichische Truppen im Jahr 1809 wurde das Gelände mit dem Schutt der zerstörten Häuser aufgefüllt. Noch bis in die Zeit nach dem Zweiten Weltkrieg fand auf dem Protzenweiher die Regensburger Dult statt. Das brachte ihm auch den Namen „Dultplatz" ein.

Besonders unter der Jugend war das Schlittschuhlaufen schon damals ein beliebtes Wintervergnügen. Man sah da allerdings kaum Mädchen mit neckischen Röckchen und weißen Schlittschuhstiefeln. Die Schlittschuhe, vorne sturzgefährlich spitz, wurden einfach an die Winterstiefel mit Hilfe einer an den Schlittschuhen angebrachten und mit einem Schlüssel verstellbaren Art Klemmvorrichtung angeschraubt. Man sah da auf dem Protzenweiher und auf den anderen Eisplätzen keinen „Rittberger", „Salchow", „Lutz" oder „Axel". Wir liefen meist im Kreis herum oder tollten – sehr zum Ärger eiskünstlerisch Ambitionierter – kreuz und quer über den Platz. Manche tanzten zur Lautsprechermusik, was wir schon sehr bewundert haben. Auch ich habe einen Winter lang mit einer Jugendliebe wenigstens geglaubt, dass wir einen Eiswalzer tanzten. Schön war das schon auch. Wenn ich so zurückblicke, haben wir damals etwas betrieben, was man heute „Bio-Schlittschuhlaufen" nennen könnte. Da wurden kein Strom und keine Chemikalien verbraucht, nur gefrorenes Wasser war unsere Gleitfläche. Und gehobelt wurde natürlich auch nicht. Unsere natürlichsten Eisflächen befanden sich an den Ufern von Weichs und Schwabelweis. „Bio pur" war das. Zugefrorene Altwasser waren uns zur Winterszeit herrliche Abenteuerspielplätze. Da ragten Bäume und Büsche aus dem Eis, herrliche Hindernisse, die es zu umfahren galt. Da haben wir uns auch oft zusammengehängt und fuhren als menschliche Schlangen wie verrückt über die Fläche. Auch nicht gerade zur Freude der Gemächlicheren. Mein absolutes Schlittschuherlebnis aber hatte ich, als ich meinen Mitschüler, den Grundner Hans, auf dem Gutshof seiner Eltern, dem Amhof bei Taimering, besuchte. „Nimm Schlittschuh mit. Bei uns ist die Pfatter übergelaufen und zug'frorn!" hat er gesagt. Mit der Bahn fuhr ich nach Taimering und vom Ortsrand weg ging es auf spiegelglattem Eis zwei, drei Kilometer über brettlebene Wiesen und Felder zum Amhof hinüber. Da konnte man sich fühlen, wie der Reiter auf dem Bodensee.

Auf dem Fischmarkt

Was war das für ein Leben und Treiben auf dem Fischmarkt, dem Platz zwischen Goldener-Bären- und Keplerstraße. Besonders am Freitag herrschte dort noch in den fünfziger Jahren Hochbetrieb. Anfang der achtziger Jahre schlief der Betrieb ein, vor allem, weil nur Lebendfische verkauft werden durften. Freilich fehl-

te es auch mittlerweile an der nötigen Anzahl von Fi-
schern.

Es ist eigentlich noch alles da und morgen könnten
hier wieder Fische verkauft werden. Die aus dem 16. Jahrhundert stammenden Steinbänke, auf die die Fischtröge
gestellt wurden, sind noch da und sind heute willkom-
mene Ruhebänke. Auch der Brunnen steht noch auf dem
malerischen Platz. Er stammt mit seinem schönen Gitter aus dem 17. Jahrhundert. Auf einem schlichten
Vierkantpfeiler überragt ihn die Gestalt eines Gehar-
nischten. Sein rechter Arm stützt sich auf ein Wappen-
schild der Stadt, mit der Linken scheint er einen zap-
pelnden Fisch auf den Markt zu werfen. Wie beim heiligen Georg mit dem Drachen steht sein linker Fuß auf
dem Kopf eines Delphins, der seinen Leib um den Rü-
cken der Figur legt.

Es ist schade, dass dieser Platz um seine ursprüng-
liche Bestimmung gekommen ist. Man musste gar keinen Fisch kaufen wollen, um nicht sein Vergnügen am
lebhaften Handel zu haben. Aus den Trögen spritzte das
von den Fischen aufgewühlte Wasser, Verkäufer und
Kunden waren in wortreiches Feilschen vertieft und stetig rann frisches Wasser in die Tröge und ließ sie über-
laufen. Ein Bild der Fülle. Heute ist der Fischmarkt mit
seiner viel frequentierten Bushaltestelle eine Drehscheibe
im Öffentlichen Personennahverkehr.

Neue Würde: Die sanierte Lederergasse, heute ein begehrtes Wohnquartier

DAS „GLASSCHERB'NVIERTEL"

Es fällt mir etwas schwer über das „Glasscherb'n-viertel" zu schreiben. Schließlich hat dieser Name für die Gegend um Wollwirkergasse und Lederergasse auch einiges mit Vorurteilen zu tun. Hier wohnten eben noch vor dreißig Jahren viele vom Leben nicht gerade verwöhnte Menschen. Gewiss, wir aus den helleren und freundlicheren Vierteln gingen dort auch nicht gern hin. Ich erinnere mich an spöttische Witze, die besonders über die Lederergasse im Umlauf waren. „Wennst da durche gehst, darfst ned so nah an der Hauswand geh, sonst klauens dir d'Schuahbandln!" Oder: „Dort muaßt a Faust macha, denn sonst klauens dir d'Fingernägel!" Heute treffe ich so manchen alten Regensburger, der dort gewohnt hat, der mir vom oft armseligen Dasein der Bewohner erzählt, aber auch zugibt, dass der Ton dort rauher und der Durst größer war als in der übrigen Stadt. Doch das alles ist längst dahin. Viele Häuser sind im Zug der seit Jahrzehnten laufenden Altstadtsanierung gut ausgebaut und heute wohnt man gern zwischen Wollwirkergasse und Donau.

Mein Kreuz in meiner Kindheit war allerdings, dass ich – geschreckt von all den Witzen und Gerüchten – manchmal in die Lederergasse musste. Dort hatten wir unseren Schuster und der saß ja in dieser Gasse gerade am richtigen Fleck. So alle zwei Monate gab mir meine Mutter ein Netz voller Schuhe, die besohlt werden mussten. Mit Herzklopfen machte ich mich auf den Weg, ab dem Arnulfplatz ängstlich links und rechts schauend. Außer dass irgendein herumstehender Bub mir hin und wieder Worte zurief wie „Schau ned so blöd, Depp" ist mir nie etwas passiert. Und ich hab ja auch blöd geschaut.

Leider weiß ich den Namen unseres Schusters nicht mehr. Also muss ich ihm namenlos ein kleines Denkmal setzen. Er, schon ein älterer Mann und ziemlich hager im Gesicht, saß auf einem Podium vor dem großen Fenster seines düsteren Ladens und war immer emsig an der Arbeit. Freundlich hat er mich begrüßt und ich durfte ihm auch bei der Arbeit zuschauen. Das tat ich gern, weil ich ja schon einmal Angst vor dem Rückweg hatte. Hier fühlte ich mich ja einstweilen geborgen. Am meisten habe ich seine Schusterkugel bewundert, eine mit Wasser gefüllte Glaskugel, die das einfallende Tageslicht konzentriert auf seinen engeren Arbeitsbereich lenkte.

Frühe Solarenergie! Er hat sich auch immer mit mir unterhalten. Über was? Das weiß ich nimmer. Aber gern gehabt habe ich ihn schon. Und hiermit möchte ich auch im Namen aller, die das „Glasscherb'nviertel" mit so vielen Vorurteilen gesehen haben, Abbitte leisten. Dafür könnten die Überlebenden aus diesem Viertel zugeben, dass sie seinerzeit einiges getan haben, um unsere Vorurteile zu füttern.

KAFFEEHÄUSER

Die Regensburger Kaffeehäuser sind verschwunden. Vielleicht hatten wir auch jemals nur ein einziges: das „Fürstenhof" in der Maxstraße. Die anderen waren eher „Cafés". Ein Kaffeehaus – so definiere ich das jetzt einmal – ist ein Café mit mehr Platz, mehr Nüchternheit, mehr Zeitungen und Zeitschriften, die man lesen kann, ohne fortwährend neuen Kaffee zu bestellen und mit Bedienungen, die etwas weniger hübsch sind, wenn es sich nicht gleich um Mannsbilder handelt. Wenn man meine Definition akzeptiert, dann gibt es in Regensburg kein Kaffeehaus mehr (Ausnahme siehe unten) und bis auf das „Fürstenhof" hat es dann auch nie eines gegeben.

Mancher Regensburger erinnert sich an einstige Cafés wie das „Café Rösch" am Kassiansplatz oder das „Café Schürnbrand" am Neupfarrplatz, wo man vom ersten Stock aus den herrlichen Blick zum Dom gratis hatte. Das waren so genannte „Konditorei-Cafés", wie etwa heute das „Prinzess" beim Alten Rathaus, das „Café Prock" am Kohlenmarkt oder eben das wiedereröffnete „Café Fürstenhof", wobei man den „Dampfnudl-Uli" am Watmarkt nicht vergessen darf, wo man diese bayerische Süßspeise ganz frisch zum Kaffee genießen kann.

Das „Café Fürstenhof" wurde mir in den fünfziger Jahren zum Begriff. Im Parterre war es eher ein Tanz-Café, im ersten Stock aber war es Kaffeehaus mit Billard- und Kartentischen. Mein damaliger Lokalredakteur, Prager und daher alte böhmisch-österreichische Schule, ließ uns jeden Nachmittag allein. Da musste er ins „Fürstenhof". Er meinte, ein Journalist, der nicht täglich ein paar Stunden im Kaffeehaus verbringe, sei kein

Journalist. Dann waren wir Reporter auf magerem Zeilenhonorar also keine. Ich fand das aber trotzdem gut, dass er diese tägliche Angewohnheit hatte und nahm mir fest vor, es bei beruflichem Aufstieg nicht anders zu halten. Bis ich aber so weit kam, war das „Fürstenhof" kein Kaffeehaus mehr und ich nicht mehr in Regensburg.

Und nun zur angekündigten heutigen Ausnahme, dem „Café Wichtig". Das ist der Spitzname für das „Goldene Kreuz" am Haidplatz. Den Spitznamen erhielt es schon zu der Zeit, als die Redaktion der längst eingestellten „Regensburger Woche" gegenüber im Haus „Zur Arch" untergebracht war. Die Redakteure gingen oft über die Straße ins „Goldene Kreuz" hinüber. Dort saßen wichtige Informanten, Richter, lokale Entscheidungsträger und andere bedeutende Leute. So wurde dieses Café zu einer Art Nachrichtenbörse und ist das bis heute geblieben. Nach meiner Definition erfüllt das „Café Wichtig" alle Bedingungen für ein Kaffeehaus, bis auf zwei: Es ist zu schön und zu gemütlich und die Bedienungen sind alles andere als unhübsch. Ansonsten kann man hier so lange sitzen, wie man will. Wenn man noch etwas bestellen will, muss man sich melden. So war das auch früher mit dem „Fürstenhof", wenigstens im ersten Stock. Also haben wir mit dem „Café Wichtig" doch noch ein Kaffeehaus.

Interessierte Blicke, nicht nur auf die Donau

Unser Fürst

Als ich ein Kind war, ging er noch durch die Stadt. Er lebte unangefochten als der Erste Mann einer ehemals Freien Reichsstadt, über die weder er noch seine Vorfahren je geherrscht hatten. Was ihn trotzdem zu „unserem Fürsten" machte, war seine Haltung, waren seine Wohltaten und sicher auch seine Reichtümer. Seinen vollen Namen haben die meisten erst erfahren, als er am 22. Januar 1952 in einem der 500 Zimmer seines Schlosses gestorben war. In der halbseitigen Todesanzeige stand: „Fürst Albert Maria Joseph Maximilian Lamoral von Thurn und Taxis, Fürst zu Buchau und Fürst zu Krotoszyn, Herzog zu Wörth und Donaustauf, letzter Erbgeneralpostmeister, Inhaber des Goldenen Vlieses etc. etc." Zehntausende defilierten damals an der Totenbahre vorbei. Eine Stadt trauerte um den fürstlichen Grandseigneur, der die Prachtentfaltung und das Spanische Hofzeremoniell vielleicht nicht einmal geliebt, aber sie einfach für unerlässlich gehalten hat.

Wir Regensburger von damals sahen ihn in aufrechter Haltung, ja steif, durch die Stadt wandeln. Es hieß, er trage nun in seinen hohen Jahren ein Korsett, um sich so gerade halten zu können. In der Allee, von einem seiner Vorfahren erbaut und gestiftet, führt eine Steinbrücke über die südliche Schlossauffahrt. Da standen wir oft und warteten auf die Kavalkade, angeführt vom Fürsten und seiner Gemahlin Margarethe, einer Erzherzogin und daher kaiserlichen Hoheit aus dem Haus Habsburg. Hinter ihnen ritten Kinder und Enkel auf herrlich aufgezäumten Pferden. Das war doch wie ein Stück aus unseren Märchen! Einmal stand ich ihm persönlich gegenüber. Vor Weihnachten mussten wir „Pimpfe" im

Hitler-Reich immer für das „Winterhilfswerk" auf der Straße sammeln. Als „Abzeichen" hatten wir wunderschöne kleine Holzfigürchen aus dem Erzgebirge, für den Christbaum bestimmt. Obwohl ich als Zehn- oder Zwölfjähriger noch die Schüchternheit in Person war, sah ich auf einmal am Neupfarrplatz den Fürsten des Weges kommen. Ich ging hin, schüttelte die Sammelbüchse und bat um eine Spende. Er warf eine ganze Mark in die Büchse und ich gab ihm so ein kleines Reiterlein aus dem Erzgebirge. „Weißt du auch, wer ich bin?", fragte mich da zu meiner großen Überraschung Fürst Albert. Und ich in meiner Tumbheit brachte nur ein trockenes „Ja" heraus. Hernach schämte ich mich recht. Der Fürst aber lächelte.

Fürst Albert Lamoral von Thurn und Taxis. Das war „unser Fürst". Nach seinem Tod sprach man in Regensburg mehr von den „Fürstlichen". Das war weniger respektvoll, mitunter sogar ärgerlich. Da stand plötzlich viel Management von Großbrauerei, Industrie und Kapital dahinter. Dann kam Gloria und Regensburg gelangte mit den kapriziösen Einfällen der blutjungen Fürstin ins Fernsehen und in die Klatschspalten. Ich sagte immer: „Lasst sie doch. Wer so jung ist und einen um ein paar Jahrzehnte älteren und reichen Mann heiratet, ihm einen Erben und zwei Töchter zur Welt bringt, der darf das Leben auch genießen." Heute, da Fürstin Gloria, seit Jahren Witwe, ihre Aufgaben und Pflichten bestens erfüllt, ist man in Regensburg des Lobes voll. Ein bedeutendes in Hamburg erscheinendes Blatt hat einmal gemeint, Gloria dürfe sich gar nicht Fürstin nennen. Es stimmt ja auch; denn der Fürst ist ihr längst volljähriger Sohn Albert. Na, dann ist sie halt die „Fürstinmutter". Regensburg jedenfalls ist heilfroh, „die Gloria" bei sich zu haben. Und ihr Groß-Schwiegervater, „unser Fürst", würde sie gewiss loben. In der heutigen Welt käme selbst der letzte Generalerbpostmeister des Heiligen Römischen Reiches Deutscher Nation und Träger des Goldenen Vlieses nicht mehr gut zurecht. Da bin ich mir sicher.